من الظلام إلى السيادة: 40 يومًا للتحرر من قبضة الظلام الخفية

تأمل عالمي في الوعي والتحرر والقوة

للأفراد والعائلات والأمم المستعدة للتحرر

بواسطة

زكريا جودسيجل .السفير الاثنين أو .أوغبي وكومفورت لادي أوغبي

Zacharias Godseagle; Ambassador Monday O. Ogbe and Comfort Ladi Ogbe

جدول المحتويات

من الظلام إلى السيادة: 40 يومًا للتحرر من قبضة الظلام الخفية 1

تأمل عالمي في الوعي والتحرر والقوة 1

للأفراد والعائلات والأمم المستعدة للتحرر 1

حقوق الطبع والنشر الصفحة 8

حول الكتاب – من الظلام إلى السيادة 11

نص الغلاف الخلفي 13

فقرة واحدة للترويج الإعلامي (الصحافة/البريد الإلكتروني/ملخص الإعلان) 14

إهداء 16

الشكر والتقدير 17

إلى القارئ 19

كيفية استخدام هذا الكتاب 21

المقدمة 23

المقدمة 25

المقدمة 26

الفصل الأول: أصول المملكة المظلمة 28

2

29	سقوط وتكوين الظلام
29	التعبير العالمي للمملكة المظلمة
29	لماذا هذا الكتاب مهم الآن
30	لقد ولدت في معركة

32	الفصل الثاني: كيف تعمل المملكة المظلمة اليوم

35	الفصل الثالث: نقاط الدخول - كيف يقع الناس في الإدمان

37	الفصل الرابع: المظاهر - من الاستحواذ إلى الهوس

39	الفصل الخامس: قوة الكلمة – سلطة المؤمنين

42	اليوم الأول: السلالات والبوابات - كسر قيود العائلة

45	اليوم الثاني: غزوات الأحلام - عندما يصبح الليل ساحة معركة

48	اليوم الثالث: الأزواج الروحيون - اتحادات غير مقدسة تربط المصائر

52	اليوم الرابع: الأشياء الملعونة – الأبواب التي تنجس

54	اليوم الخامس: مسحور ومخدوع - التحرر من روح العرافة

58	اليوم السادس: أبواب العين – إغلاق بوابات الظلام

61	اليوم السابع: القوة الكامنة وراء الأسماء - التخلي عن الهويات غير المقدسة

64	اليوم الثامن: كشف النور الكاذب - فخاخ العصر الجديد والخداع الملائكي

67	اليوم التاسع: مذبح الدم - عهود تتطلب حياة

اليوم العاشر: العقم والانكسار - عندما يصبح الرحم ساحة معركة 70

اليوم الحادي عشر: اضطرابات المناعة الذاتية والإرهاق المزمن - الحرب الخفية في غضون 73

اليوم الثاني عشر: الصرع والعذاب العقلي - عندما يصبح العقل ساحة معركة 76

اليوم الثالث عشر: روح الخوف - كسر قفص العذاب الخفي 79

اليوم الرابع عشر: العلامات الشيطانية - محو العلامة غير المقدسة 82

اليوم الخامس عشر: عالم المرآة - الهروب من سجن الانعكاسات 84

اليوم السادس عشر: كسر قيود لعنات الكلمات - استعادة اسمك ومستقبلك 88

اليوم 17: التحرر من السيطرة والتلاعب 91

اليوم الثامن عشر: كسر قوة عدم المسامحة والمرارة 94

اليوم التاسع عشر: الشفاء من العار والإدانة 97

اليوم العشرون: السحر المنزلي - عندما يعيش الظلام تحت سقف واحد 100

اليوم الحادي والعشرون: روح إيزابل - الإغواء والسيطرة والتلاعب الديني 103

اليوم الثاني والعشرون: الثعابين والصلاة - كسر روح التضييق 106

اليوم الثالث والعشرون: عروش الإثم - هدم المعاقل الإقليمية   109

اليوم الرابع والعشرون: شظايا الروح - عندما تكون أجزاء منك مفقودة   112

اليوم الخامس والعشرون: لعنة الأطفال الغريبين - عندما يتم تبادل المصائر عند الولادة   115

اليوم السادس والعشرون: مذابح القوة الخفية - التحرر من عهود النخبة الخفية   118

اليوم السابع والعشرون: التحالفات غير المقدسة - الماسونية، المتنورون، والتسلل الروحي   121

اليوم الثامن والعشرون: الكابالا، وشبكات الطاقة، وسحر "النور" الصوفي   124

اليوم 29: حجاب المتنورين - كشف شبكات النخبة الخفية   127

اليوم 30: مدارس الغموض - أسرار قديمة، عبودية حديثة   130

اليوم 31: الكابالا، الهندسة المقدسة، وخداع النور النخبوي   133

اليوم 32: روح الثعبان في الداخل - عندما يأتي الخلاص متأخرًا جدًّا   136

اليوم 33: روح الثعبان في الداخل - عندما يأتي الخلاص متأخرًا جدًّا   139

اليوم 34: الماسونيون، القوانين واللعنات - عندما تتحول الأخوة إلى عبودية   142

اليوم 35: الساحرات في المقاعد - عندما يدخل الشر من خلال أبواب الكنيسة 145

اليوم 36: تعاويذ مشفرة - عندما تصبح الأغاني والأزياء والأفلام بوابات 148

اليوم 37: مذابح القوة غير المرئية - الماسونيون، والكابالا، والنخب الخفية 151

اليوم 38: عهود الرحم وممالك الماء - عندما يُدنّس القدر قبل الولادة 155

اليوم 39: المعمودية بالماء في العبودية - كيف يفتح الأطفال والأحرف الأولى والعهود غير المرئية الأبواب 159

اليوم الأربعون: من المُسلَّم إلى المُخلِّص - ألمك هو رسالتك 163

إعلان يومي شامل للخلاص والسيادة - الجزء الأول 166

إعلان يومي شامل للخلاص والسيادة - الجزء الثاني 168

إعلان يومي شامل للخلاص والسيادة - الجزء 3 171

الخاتمة: من البقاء إلى البنوة - البقاء أحرارًا، العيش أحرارًا، تحرير الآخرين 174

كيف تولد من جديد وتبدأ حياة جديدة مع المسيح 177
كيف تولد من جديد 177
صلِّ بصوتٍ عالٍ: 178
الخطوات التالية بعد الخلاص 178

لحظة خلاصي 180

181	شهادة الحياة الجديدة في المسيح
181	إعلان الخلاص – الميلاد الجديد بالنعمة
181	
181	ـــ : تاريخ القرار
181	ـــ : التوقيع
182	إعلان الخلاص
182	مرحباً بكم في عائلة الله!
184	تواصل مع خدمة نسر الله
185	الكتب والموارد الموصى بها
197	الملحق (1-6): الموارد اللازمة للحفاظ على الحرية والتحرر الأعمق
198	الملحق 1: الصلاة لتمييز السحر الخفي، أو الممارسات الغامضة، أو المذابح الغريبة في الكنيسة
198	الملحق 2: بروتوكول التخلي عن وسائل الإعلام والتطهير
199	الملحق 3: الماسونية، الكابالا، الكونداليني، السحر، نص التخلي عن السحر
200	الملحق 4: دليل تنشيط زيت المسحة
201	الملحق 6: مصادر الفيديو مع شهادات للنمو الروحي
202	تحذير نهائي: لا يمكنك اللعب بهذا الرقم

صفحة حقوق الطبع والنشر

من الظلام إلى السيادة: 40 يومًا للتحرر من قبضة الظلام الخفية - تأمل عالمي للوعي والتحرر والقوة
بقلم زاكارياس جودسيجل، كومفورت لادي أوغبي، والسفير موندي أو أوغبي.

God's وZacharias Godseagle جميع الحقوق محفوظة © 2025 لـ Eagle Ministrie s – GEM.

لا يجوز إعادة إنتاج أي جزء من هذا المنشور، أو تخزينه في نظام استرجاع، أو نقله بأي شكل أو بأي وسيلة - إلكترونية أو ميكانيكية أو عن طريق التصوير أو التسجيل أو المسح الضوئي أو غير ذلك - دون الحصول على إذن كتابي مسبق من الناشرين، باستثناء الاقتباسات الموجزة المضمنة في المقالات أو المراجعات النقدية.

هذا الكتاب عملٌ غير روائي وخيالي ديني. تم تغيير بعض الأسماء والتفاصيل التعريفية حفاظًا على الخصوصية عند الضرورة.

اقتباسات الكتاب المقدس مأخوذة من:

- ١٩٩٦، ٢٠٠٤، ٢٠١٥ © ، (NLT) ترجمة الحياة الجديدة لمؤسسة تينديل هاوس. استُخدمت بإذن. جميع الحقوق محفوظة.

تصميم الغلاف من قبل فريق GEM

التصميم الداخلي من قبل فريق GEM

نُشر بواسطة:
GEM - زكريا جودسيجل ووزارة نسر الله
www.otakada.org | Ambassador@otakada.org

الطبعة الأولى، 2025،
طُبعت في الولايات المتحدة الأمريكية

حول الكتاب – من الظلام إلى السيادة

من الظلام إلى السيادة: 40 يومًا للتحرر من قبضة الظلام الخفية ـ تأمل عالمي للوعي والتحرر والقوة ـ للأفراد والعائلات والدول المستعدة للتحرر

إن كتاب "الخلاص العالمي" ليس مجرد كتاب تأملي، بل هو لقاء تحرير عالمي لمدة 40 يومًا للرؤساء، ورؤساء الوزراء، والرعاة، وعمال الكنيسة والرؤساء التنفيذيين، والآباء، والمراهقين، وكل مؤمن يرفض العيش في هزيمة هادئة.

يتناول هذا الكتاب التعبدي القوي الذي يستغرق 40 يومًا **الحرب الروحية، والتحرر من مذابح الأجداد، وكسر الروابط الروحية، والكشف عن السحر والشهادات العالمية** من السحرة السابقين، والشيطانيين السابقين، وأولئك الذين تغلبوا على قوى الظلام.

سواء كنت **تقود دولة**، أو **ترعى كنيسة**، أو **تدير عملاً تجاريًا**، أو **تناضل من أجل عائلتك في خزانة الصلاة**، فإن هذا الكتاب سيكشف ما كان مخفيًا، ويواجه ما تم تجاهله، ويساعدك على التحرر.

تأمل عالمي لمدة 40 يومًا للوعي والتحرر والقوة

داخل هذه الصفحات سوف تواجه:

- لعنات السلالة والعهود الأجدادية
- أزواج الروح، والأرواح البحرية، والتلاعب النجمي
- الماسونية، والكابالا، وإيقاظ الكونداليني، ومذابح السحر
- تكريس الأطفال، والطقوس قبل الولادة، والحمالين الشيطانيين
- التسلل الإعلامي والصدمات الجنسية وتفتيت الروح
- الجمعيات السرية والذكاء الاصطناعي الشيطاني وحركات الإحياء الكاذبة

يتضمن كل يوم:
- قصة حقيقية أو نمط عالمي
- رؤية مبنية على الكتاب المقدس
- تطبيقات جماعية وشخصية
- صلاة التحرير + مجلة التأمل

هذا الكتاب مناسب لك إذا كنت:

- رئيس **أو صانع سياسات** يسعى إلى الوضوح الروحي والحماية لأمتك
- راعي **أو شفيع أو عامل في الكنيسة** يحارب القوى غير المرئية التي تقاوم النمو والنقاء
- الرئيس **التنفيذي أو قائد الأعمال** يواجه حربًا وتخريبيًا لا يمكن تفسيرهما
- مراهق **أو طالب** يعاني من الأحلام أو العذاب أو الأحداث الغريبة
- أحد **الوالدين أو مقدم الرعاية** يلاحظ الأنماط الروحية في سلالتك
- زعيم **مسيحي** سئم من دورات الصلاة التي لا تنتهي دون تحقيق أي تقدم
- أو ببساطة **مؤمن مستعد للانتقال من البقاء إلى السيادة المنتصرة**

لماذا هذا الكتاب؟

ففي زمنٍ يلبس فيه الظلام قناع النور، **لم يعد الخلاص خيارًا**.
فالقوة **للمُطّلعين، والمُجهّزين، والمستسلمين**.

هذا الكتاب من تأليف زاكارياس جودسيجل، والسفير موندي أو. أوجبي والمريحة لادي أوجبي، وهو أكثر من مجرد تعليم - إنه **نداء إيقاظ عالمي** للكنيسة والأسرة والأمم للنهوض ومحاربة - ليس في خوف، ولكن في **الحكمة والسلطة**.

لا يمكنك أن تتلمذ على ما لم تُسلّمه. ولا يمكنك أن تسير في السيادة حتى تتحرر من قبضة الظلام.

حطم القيود. واجه ما هو خفي. استرجع مصيرك - يومًا بيوم.

نص الغلاف الخلفي

من الظلام إلى السيادة:
يومًا للتحرر من قبضة الظلام الخفية 40
تأمل عالمي للوعي والتحرر والقوة

هل أنت **رئيس** ، أو **قس** ، أو أحد **الوالدين** ، أو **مؤمن يصلي** - يائسًا من أجل الحرية الدائمة والاختراق؟

هذا ليس مجرد تأمل، بل رحلة عالمية تمتد لأربعين يومًا عبر ساحات المعارك الخفية **للعهود الأسلافية، والعبودية الخفية، والأرواح البحرية وتفتيت الأرواح، واختراق وسائل الإعلام، وغيرها** . يكشف كل يوم عن شهادات حقيقية، وتجليات عالمية، واستراتيجيات خلاص عملية.

ستكتشف:

- كيف تُفتح الأبواب الروحية - وكيف نُغلقها
- الجذور الخفية للتأخير المتكرر والعذاب والعبودية
- صلوات يومية قوية، وتأملات، وتطبيقات جماعية
- كيف تسير في **السيادة** ، وليس فقط الخلاص

...من **مذابح السحر** في أفريقيا إلى **خداع العصر الجديد** في أمريكا الشمالية ومن **الجمعيات السرية** في أوروبا إلى **عهود الدم** في أمريكا اللاتينية - **هذا الكتاب يكشف كل ذلك** .

الظلام إلى السيادة" هو خريطة الطريق الخاصة بك إلى الحرية، مكتوبة" **للقساوسة، والقادة، والعائلات، والمراهقين، والمحترفين، والرؤساء التنفيذيين** ، وأي شخص سئم من ركوب الدراجة عبر الحرب دون نصر.

لا يمكنك أن تتلمذ على ما لم تُسلّمه. ولا يمكنك أن تسير في السيادة حتى تتحرر من قبضة الظلام.

فقرة واحدة للترويج الإعلامي (الصحافة/البريد الإلكتروني/ملخص الإعلان)

من الظلام إلى السيادة: 40 يومًا للتحرر من قبضة الظلام الخفية، كتابٌ عالميٌّ يكشف كيف يتسلل العدو إلى حياة الناس وعائلاتهم ودولهم من خلال المذابح، وسلالات الدم، والجمعيات السرية، والطقوس الخفية، والتنازلات اليومية. بقصصه من كل قارة، واستراتيجيات التحرير المجربة، هذا الكتاب مُوجّهٌ للرؤساء والقساوسة، والرؤساء التنفيذيين، والمراهقين، وربات البيوت، والمحاربين الروحيين - أي شخصٍ يتوق إلى الحرية الدائمة. ليس للقراءة فقط، بل لكسر القيود.

العلامات المقترحة

- تأملات عن الخلاص
- الحرب الروحية
- شهادات غامضة سابقة
- الصلاة والصيام
- كسر اللعنات المتوارثة
- الحرية من الظلام
- السلطة الروحية المسيحية
- الأرواح البحرية
- خداع الكونداليني
- كشف الجمعيات السرية
- الخلاص في 40 يومًا

علامات التصنيف للحملات#

الظلام_إلى_السيادة#

تأملات_الخلاص#

كسر_السلاسل#

#الحرية من خلال المسيح

#الصحوة_العالمية

#معارك_خفية_مكشوفة

#صلوا_للتحرر

#كتاب الحرب الروحية

#من_الظلام_إلى_النور

#سلطة_المملكة

#لا_للعبودية_بعد_الآن

#شهادات_خارجية

#تحذير_كونداليني

#كشف_الأرواح_البحرية

#40يومًا من الحرية

إخلاص

– إلى الذي دعانا من الظلمة إلى نوره العجيب
يسوع المسيح ، مخلصنا، وحامل النور، وملك المجد.

إلى كل روح تصرخ في صمت - محاصرة بسلاسل غير مرئية، تطاردها الأحلام، وتعذبها الأصوات، وتحارب الظلام في أماكن لا يراها أحد - هذه الرحلة لك.

، إلى **القساوسة** ، **والشفعاء** ، **والحراس على الحائط**
،إلى **الأمهات** اللواتي يصلين طوال الليل، والآباء **الذين** يرفضون الاستسلام
إلى **الصبي الصغير** الذي يرى الكثير، والفتاة **الصغيرة** التي اتسمت بالشر في ،وقت مبكر جدًا
إلى **الرؤساء التنفيذيين** ، **والرؤساء** ، **وصناع القرار** الذين يحملون أوزانًا ،غير مرئية وراء السلطة العامة
إلى **عامل الكنيسة الذي** يكافح مع العبودية السرية، والمحارب **الروحي** الذي - يجرؤ على القتال مرة أخرى
هذا هو نداءكم للنهوض.

وللشجعان الذين شاركوا قصصهم، شكرًا لكم. ندوبكم الآن تُحرّر الآخرين.

عسى أن ينير هذا التأمل طريقًا عبر الظلمات، ويقود الكثيرين إلى السيادة والشفاء والنار المقدسة.
أنت لست منسيًا، ولستَ عاجزًا. لقد وُلدتَ من أجل الحرية.

زكريا جودسيغل، السفير مونداي أو. أوغبي وكومفورت لادي أوغبي —

الشكر والتقدير

أولاً وقبل كل شيء، نُقرّ **بالله القدير - الآب والابن والروح القدس** ، مصدر النور والحق، الذي فتح أعيننا على المعارك الخفية خلف الأبواب المغلقة والحجب والمنابر والمنصات. إلى يسوع المسيح، مُخلّصنا وملكنا، نُقدّم كل المجد.

إلى الرجال والنساء الشجعان حول العالم الذين شاركوا قصص معاناتهم وانتصاراتهم وتحولاتهم، شجاعتكم أشعلت موجة عالمية من الحرية. شكرًا لكم على كسر حاجز الصمت.

،إلى الخدم وحراس السور الذين عملوا في الخفاء - مُعلِّمين، مُشفعين مُخلِصين، ومُمَيِّزين - نُكرِّم مثابرتكم. طاعتكم لا تزال تُهدِم الحصون وتُزيل الخداع في الأعالي.

إلى عائلاتنا، وشركائنا في الصلاة، وفرق الدعم الذين وقفوا معنا بينما كنا نبحث بين الأنقاض الروحية لاكتشاف الحقيقة - نشكركم على إيمانكم الراسخ وصبركم.

إلى الباحثين، وشهادات يوتيوب، والمبلغين عن المخالفات، ومحاربي المملكة الذين يكشفون الظلام من خلال منصاتهم - جرأتكم غذت هذا العمل بالبصيرة والكشف والإلحاح.

إلى **جسد المسيح** : هذا الكتاب لكم أيضًا. ليُوقظ فيكم عزمًا مقدسًا على اليقظة والتمييز والشجاعة. لا نكتب كخبراء، بل كشهود. لا نقف كقضاة، بل كمُخلّصين.

،وأخيرًا، إلى **قراء هذا الكتاب التعبدي** - الباحثين، والمحاربين، والرعاة ووزراء التحرير، والناجين، ومحبي الحقيقة من كل أمة - أتمنى أن تمنحكم كل صفحة القدرة على التحرك **من الظلام إلى السيادة** .

زكريا جودسيغل -
السفير الاثنين أو. أوغبي - كومفورت لادي أوغبي -

إلى القارئ

هذا ليس مجرد كتاب، بل هو نداء.

دعوة لكشف ما خفيّ منذ زمن طويل - لمواجهة القوى الخفية التي تُشكّل الأجيال والأنظمة والنفوس. سواءً كنتَ **باحثًا شابًا** ، أو **قسًا منهكًا من معارك لا تُذكر** ، أو **قائد أعمال يُصارع كوابيس الليل** ، أو **رئيس دولة يُواجه ظلامًا وطنيًا لا يلين** ، فإن هذا الكتاب التعبدي هو **دليلك للخروج من الظلمات** .

إلى **الفرد** : أنت لست مجنونًا. ما تشعر به - في أحلامك، في بيئتك، في نسبك - قد يكون روحانيًا بالفعل. الله ليس مجرد شافي، بل هو مُخلّص.

إلى **العائلة** : ستساعدك هذه الرحلة التي تستغرق 40 يومًا في تحديد الأنماط التي عذبت سلالتك لفترة طويلة - الإدمان، والوفيات المبكرة، والطلاق، والعقم، والعذاب العقلي، والفقر المفاجئ - وتوفر الأدوات اللازمة لكسرها.

إلى **قادة الكنائس والرعاة** : عسى أن يُلهم هذا فطنةً وشجاعةً أعمق لمواجهة عالم الروح من المنبر، لا منبر الخطابة فحسب. فالخلاص ليس اختياريًا، بل هو جزء من الرسالة العظمى.

إلى **الرؤساء التنفيذيين ورواد الأعمال والمهنيين** : العهود الروحية تُطبّق في مجالس الإدارة أيضًا. كرّسوا أعمالكم لله. هدموا مذابح الأجداد المتخفية تحت ستار حظوظ العمل، أو مواثيق الدم، أو فضل الماسونية. ابنوا بأيدٍ نظيفة.

إلى **الحراس والشفعاء** : لم تذهب يقظتكم سدىً. هذا المورد سلاحٌ في أيديكم - لمدينتكم، لمنطقتكم، لوطنكم.

إلى **الرؤساء ورؤساء الوزراء** ، إن وُجّه إليكم هذا الكلام: لا تُحكم الأمم بالسياسات فحسب، بل تُحكم بمذابح - تُقام سرًا أو علنًا. إلى أن تُعالج الأسس الخفية، سيظل السلام بعيد المنال. عسى أن تُلهمكم هذه الوصية الدينية نحو إصلاح جيلي.

إلى **الشاب أو الشابة** الذي يقرأ هذا في لحظة يأس: الله يراك. لقد اختارك وهو ينتشلك ـ للأبد.

هذه رحلتك. يومًا بيوم، سلسلة بسلسلة.

من الظلام إلى السيادة ـ لقد حان وقتك.

كيفية استخدام هذا الكتاب

من الظلام إلى السيادة: 40 يومًا للتحرر من قبضة الظلام الخفية هو أكثر من مجرد كتاب تأملي، بل هو دليل للتحرر، وتطهير روحي، ومعسكر تدريبي للحرب. سواء كنت تقرأ بمفردك، أو مع مجموعة، أو في كنيسة، أو كقائد يرشد الآخرين، إليك كيفية تحقيق أقصى استفادة من هذه الرحلة القوية التي تستمر 40 يومًا:

الإيقاع اليومي

يتبع كل يوم هيكلًا ثابتًا لمساعدتك على إشراك الروح والنفس والجسد:

- **التعليم التعبدي الرئيسي** – موضوع كاشف يكشف الظلام المخفي.
- **السياق العالمي** - كيف تتجلى هذه القوة في جميع أنحاء العالم.
- **قصص من الحياة الواقعية** – لقاءات الخلاص الحقيقية من ثقافات مختلفة.
- **خطة العمل** – التمارين الروحية الشخصية، والتخلي، أو التصريحات.
- **تطبيق جماعي** - للاستخدام في مجموعات صغيرة، أو عائلات، أو كنائس، أو فرق التحرير.
- **رؤية رئيسية** - خلاصة مختصرة للتذكر والصلاة من أجلها.
- **مجلة التأمل** – أسئلة القلب لمعالجة كل حقيقة بعمق.
- **صلاة التحرير** - صلاة حرب روحية موجهة لكسر المعاقل.

ما ستحتاجه

- **الكتاب المقدس** الخاص بك
- مجلة **أو دفتر ملاحظات مخصص**
- **زيت المسحة** (اختياري ولكنه فعال أثناء الصلاة)
- الاستعداد **للصيام والصلاة** حسب توجيه الروح
- **شريك المساءلة أو فريق الصلاة** للحالات الأعمق

كيفية الاستخدام مع المجموعات أو الكنائس

- اجتمعوا **يوميًا أو أسبوعيًا** لمناقشة الأفكار وقيادة الصلاة معًا.

- .شجع الأعضاء على إكمال **مجلة التأمل** قبل جلسات المجموعة
- استخدم قسم **تطبيق المجموعة** لإثارة المناقشة أو الاعتراف أو لحظات التحرير الجماعي.
- .تعيين قادة مدربين للتعامل مع المظاهر الأكثر حدة

للرعاة والقادة وخدام التحرير

- قم بتدريس المواضيع اليومية من على المنبر أو في مدارس تدريب التحرير.
- .قم بتجهيز فريقك لاستخدام هذا الكتاب التعبدي كدليل إرشادي
- قم بتخصيص الأقسام حسب الحاجة للخرائط الروحية، أو اجتماعات الإحياء، أو حملات الصلاة في المدينة.

ملاحق للاستكشاف

:في نهاية الكتاب، ستجد موارد إضافية قوية، بما في ذلك

1. **الإعلان اليومي عن التحرر الكامل** – تكلم بهذا بصوت عالٍ كل صباح ومساء.
2. **دليل التخلي عن وسائل الإعلام** – قم بتطهير حياتك من التلوث الروحي في الترفيه.
3. **صلاة لكشف المذابح المخفية في الكنائس** – للشفعاء والعاملين في الكنيسة.
4. – **الماسونية، الكابالا، الكونداليني و نص التخلي عن السحر** صلوات التوبة القوية.
5. **قائمة التحقق من التحرير الجماعي** - استخدمها في الحملات الصليبية، أو زمالات المنازل، أو الخلوات الشخصية.
6. **روابط فيديو الشهادة**

مقدمة

هناك حرب - غير مرئية، غير منطوقة، ولكنها حقيقية بشدة - مستعرة فوق أرواح الرجال والنساء والأطفال والأسر والمجتمعات والأمم.

لم ينبع هذا الكتاب من نظرية، بل من نار. من غرف الخلاص الباكية. من شهاداتٍ تُهمس في الظلال وتُصرخ من فوق أسطح المنازل. من دراسةٍ عميقة، وشفاعةٍ عالمية، وإحباطٍ مُقدّس من المسيحية السطحية التي تعجز عن معالجة **جذور الظلام** التي لا تزال تُربك المؤمنين.

لقد وصل كثيرون إلى الصليب، لكنهم ما زالوا يجرّون الأغلال. يبشر كثير من القساوسة بالحرية، بينما تُعذبهم سرًا شياطين الشهوة والخوف وعهود الأجداد. عائلات كثيرة عالقة في دوامات الفقر والانحراف والإدمان والعقم والعار، ولا **تدري السبب**. وتتجنب كنائس كثيرة الحديث عن الشياطين والسحر ومذابح الدم والخلاص، لأنها "شديدة للغاية".

لكن يسوع لم يتجنب الظلمة، بل **واجهها**.
لم يتجاهل الشياطين، بل **طردهم**.
ولم يمت ليغفر لك فحسب، بل **ليحررك**.

هذه التأملات العالمية التي تمتد لأربعين يومًا ليست دراسةً عابرةً للكتاب المقدس، بل هي **رحلةٌ روحيةٌ مُلهمة**. يومياتٌ للحرية. خريطةٌ للخروج من الجحيم لمن يشعرون بالحيرة بين الخلاص والحرية الحقيقية. سواءً كنتَ مراهقًا مُقيدًا بالمواد الإباحية، أو سيدةً أولى تُعاني من أحلامٍ عن الثعابين، أو رئيس وزراءٍ يُعذبه شعورٌ بالذنب الموروث، أو نبيًا يُخفي عبوديةً سرية، أو طفلًا يستيقظ من أحلامٍ شيطانية، فهذه الرحلة لك.

ستجد قصصًا من جميع أنحاء العالم - أفريقيا وآسيا وأوروبا وأمريكا الشمالية والجنوبية - جميعها تؤكد حقيقة واحدة: **الشيطان لا يُحَبِّي الناس**. ولكن الله أيضًا لا يُحَبِّي الناس. وما فعله للآخرين، يستطيع أن يفعله لك.

تم كتابة هذا الكتاب لـ:

- **الأفراد الذين** يسعون إلى التحرر الشخصي

- **العائلات** التي تحتاج إلى الشفاء الجيلي
- **القساوسة** والعاملين في الكنيسة بحاجة إلى التجهيز
- **قادة الأعمال** يتغلبون على الحرب الروحية في الأماكن العليا
- **الأمم** تنادي بالنهضة الحقيقية
- **الشباب** الذين فتحوا الأبواب دون علمهم
- **وزراء التحرير** الذين يحتاجون إلى هيكل واستراتيجية
- وحتى أولئك **الذين لا يؤمنون بالشياطين** - حتى قرأوا قصتهم الخاصة على هذه الصفحات

ستُجهد نفسك، وستواجه تحديات. لكن إن واصلتَ الطريق، ستتغير *أيضًا*.

لن تتحرر فحسب، بل
ستسير في **السيادة**.

لنبدأ.

— زكريا جودسيغل، السفير مونداي أو. أوغبي، وكومفورت لادي أوغبي

مقدمة

،هناك حراكٌ في الأمم. اهتزازٌ في عالم الروح. من المنابر إلى البرلمانات ومن غرف المعيشة إلى الكنائس السرية، يستيقظ الناس في كل مكان على حقيقةٍ مُرعبة: لقد استخففنا بمدى عدونا، وأخطأنا فهم السلطة التي نحملها في المسيح.

من الظلمة إلى السيادة" ليس مجرد كتاب تعبديّ، بل هو نداءٌ مُبشّر. دليلٌ" :نبويّ. طوق نجاةٍ للمُعذَّبين والمُقيَّدين والمؤمنين الصادقين الذين يتساءلون "لماذا ما زلتُ مُقيَّدًا؟"

أعلمُ عن كثب أن الكنيسة لا تنقصها المعرفة، بل نفتقر إلى الوعي الروحي ، والجرأة **والانضباط** . هذا العمل يسد هذه الفجوة. فهو ينسج معًا شهاداتٍ عالمية، وحقيقةً مؤثرة، وعملًا عمليًا، وقوة الصليب في رحلةٍ تستمر أربعين .يومًا، تُزيل غبار الحياة الخاملة وتُشعل نارًا في المُنهَكين

إلى القس الذي يجرؤ على مواجهة المذابح، والشاب الذي يحارب بصمت الأحلام الشيطانية، وصاحب العمل المتورط في عهود غير مرئية، والقائد الذي يعرف أن هناك شيئًا خاطئًا من الناحية الروحية ولكنه لا يستطيع تسميته .هذا الكتاب لك -

أحثكم على عدم قراءته سلبًا. دعوا كل صفحة تُلهمكم. دعوا كل قصة تُشعل حربًا. دعوا كل إعلان يُدرّب لسانكم على الكلام بالنار. وبعد أن تجتازوا هذه .الأيام الأربعين، لا تحتفلوا بحريتكم فحسب، بل كونوا عونًا لحرية الآخرين

...لأن السيادة الحقيقية لا تعني فقط الهروب من الظلمة
.بل هي الاستدارة وسحب الآخرين إلى النور

،في سلطان المسيح وقوته

السفير أوغبي

مقدمة

من الظلام إلى السيادة: 40 يومًا للتحرر من قبضة الظلام الخفية ليس مجرد كتاب عبادي آخر - بل هو جرس إنذار عالمي.

في جميع أنحاء العالم، من القرى الريفية إلى القصور الرئاسية، ومن مذابح الكنائس إلى قاعات الاجتماعات، ينشد الرجال والنساء الحرية. ليس الخلاص فحسب، بل **التحرر، والوضوح، والتقدم، والاكتمال، والسلام، والقوة**.

لكن إليك الحقيقة: لا يمكنك التخلص مما تتقبله. لا يمكنك التحرر مما لا تراه. هذا الكتاب هو نورك في تلك الظلمة.

لمدة 40 يومًا، ستمشي عبر التعاليم والقصص والشهادات والإجراءات الاستراتيجية التي تكشف العمليات الخفية للظلام وتمكنك من التغلب على الروح والنفس والجسد.

سواءً كنتَ قسيسًا، أو رئيسًا تنفيذيًا، أو مُبشِّرًا، أو شفيعًا، أو مراهقًا، أو أمًا، أو رئيس دولة، فإن محتوى هذا الكتاب سيُواجهك. ليس لإحراجك، بل لتحريرك وإعدادك لقيادة الآخرين نحو الحرية.

هذا هو **تأمل عالمي للوعي والتحرر والقوة** - متجذر في الكتاب المقدس، ومعزز بقصص الحياة الواقعية، ومغموس بدم يسوع.

كيفية استخدام هذا الكتاب التعبدي

1. **ابدأ بالفصول الخمسة الأساسية**
هذه الفصول تُمهّد الطريق. لا تتخطّاها. ستساعدك على فهم البنية الروحية للظلام والسلطة المُمنوحة لك للارتقاء فوقه.
2. **المشي في كل يوم بشكل مقصود**
يتضمن كل إدخال يومي موضوعًا محوريًا، ومظاهر عالمية، وقصة حقيقية، والكتابات المقدسة، وخطة عمل، وأفكار تطبيق جماعي، ورؤى رئيسية، ومطالبات يومية، وصلاة قوية.
3. **اختتم كل يوم بإعلان 360 درجة اليومي.**
يوجد هذا الإعلان القوي في نهاية هذا الكتاب، وهو مصمم لتعزيز حريتك وحماية بواباتك الروحية.

4. **استخدمها بمفردك أو في مجموعات**
سواء كنت تمر بهذا الأمر بشكل فردي أو في مجموعة، أو في زمالة منزلية، أو فريق شفاعة، أو خدمة تحرير - اسمح للروح القدس أن يرشد الوتيرة ويخصص خطة المعركة.
5. **توقعوا المقاومة**،
وستأتي المقاومة الكاسحة. ولكن الحرية ستأتي أيضًا. التحرر عملية، ويسوع ملتزم بمواصلتها معكم.

الفصول التأسيسية (اقرأ قبل اليوم الأول)

أصول المملكة المظلمة .1

من تمرد لوسيفر إلى ظهور التسلسلات الهرمية الشيطانية والأرواح الإقليمية، يتتبع هذا الفصل التاريخ الكتابي والروحي للظلام. فهم بدايته يساعدك على فهم آلية عمله.

كيف تعمل المملكة المظلمة اليوم .2

من العهود والتضحيات الدموية إلى المذابح والأرواح البحرية والتسلل التكنولوجي، يكشف هذا الفصل عن الوجوه الحديثة للأرواح القديمة - بما في ذلك كيف يمكن لوسائل الإعلام والاتجاهات وحتى الدين أن تكون بمثابة تمويه.

نقاط الدخول: كيف ينجذب الناس .3

لا يولد أحد في عبوديةٍ بالصدفة. يتناول هذا الفصل مداخلَ مثل الصدمات، ومذابح الأجداد، وكشف السحر، وروابط الروح، والفضول الخفي، والماسونية، والروحانية الزائفة، والممارسات الثقافية.

المظاهر: من الاستحواذ إلى الهوس .4

كيف تبدو العبودية؟ من الكوابيس إلى تأخر الزواج، والعقم، والإدمان، والغضب، وحتى "الضحك المقدس"، يكشف هذا الفصل كيف تتخفى الشياطين في صورة مشاكل، أو مواهب، أو شخصيات.

قوة الكلمة: سلطة المؤمنين .5

.قبل أن نبدأ حرب الأربعين يومًا، يجب أن تفهم حقوقك القانونية في المسيح يُسلّحك هذا الإصحاح بالقوانين الروحية، وأسلحة الحرب، والبروتوكولات الكتابية، ولغة الخلاص.

التشجيع النهائي قبل أن تبدأ

،الله لا يدعوك لإدارة الظلمة
.بل يدعوك **للسيطرة** عليها
.ليس بالقوة، ولا بالقدرة، بل بروحه

.لتكن هذه الأربعون يومًا القادمة أكثر من مجرد عبادة
لتكن جنازة لكل مذبحٍ سيطر عليك يومًا ما... وتتويجًا للمصير الذي قدره الله لك.

.رحلة السيادة الخاصة بك تبدأ الآن

الفصل الأول :أصول المملكة المظلمة

فإن مصارعتنا ليست ضد لحم ودم، بل ضد الرؤساء، ضد السلطات، ضد" حكام ظلمة هذا العالم، ضد أجناد الشر الروحية في السماويات." — أفسس 6: 12

قبل أن تطأ البشرية مسرح الزمن بزمن طويل، اندلعت حرب خفية في السماء. لم تكن حرب سيوف أو بنادق، بل تمرد - خيانة عظمى لقداسة الله العلي وسلطانه. يكشف الكتاب المقدس هذا السر من خلال مقاطع مختلفة تُلمّح إلى سقوط أحد أجمل ملائكة الله - **لوسيفر** ، المتألق - الذي تجرأ على التعالي .على عرش الله (إشعياء ١٤: ١٢-١٥، حزقيال ٢٨: ١٢-١٧)

لقد أدى هذا التمرد الكوني إلى ولادة **المملكة المظلمة** - عالم من المقاومة الروحية والخداع، يتكون من الملائكة الساقطين (الآن الشياطين)، والإمارات والقوى المتحالفة ضد إرادة الله وشعب الله.

سقوط الظلام وتكوينه

لم يكن لوسيفر شريرًا دائمًا. فقد خُلِق كاملًا في الحكمة والجمال. لكن الكبرياء دخل قلبه، فأصبح تمردًا. خدع ثلث ملائكة السماء ليتبعوه (رؤيا ١٢: ٤) وطُردوا من السماء. كراهيتهم للبشرية متأصلة في الغيرة، لأن البشر خُلقوا على صورة الله وأُعطي لهم السلطان.

وهكذا بدأت الحرب بين **مملكة النور** ومملكة **الظلام** - صراع غير مرئي يمس كل روح، وكل بيت، وكل أمة.

التعبير العالمي للمملكة المظلمة

ورغم أن تأثير هذه المملكة المظلمة غير مرئي، إلا أنه متأصل بعمق في:

- **التقاليد الثقافية** (العبادة الأجدادية، والتضحيات الدموية، والجمعيات السرية)
- **الترفيه** (الرسائل الخفية والموسيقى والعروض الخفية)
- **الحوكمة** (الفساد، مواثيق الدم، القسم)
- **التكنولوجيا** (أدوات الإدمان والسيطرة والتلاعب بالعقل)
- **التعليم** (الإنسانية، النسبية، التنوير الزائف)

من الجوجو الأفريقي إلى التصوف الغربي الجديد، ومن عبادة الجن في الشرق الأوسط إلى الشامانية في أمريكا الجنوبية، تختلف الأشكال ولكن **الروح واحدة** — الخداع، والهيمنة، والتدمير.

لماذا هذا الكتاب مهم الآن

أعظم خدعة للشيطان هي أن يجعل الناس يعتقدون أنه غير موجود - أو الأسوأ من ذلك، أن طرقه غير ضارة.

هذا الكتاب التعبدي هو **دليل للذكاء الروحي** - يرفع الحجاب، ويكشف عن مخططاته، ويمكّن المؤمنين في جميع القارات من:

- **التعرف على** نقاط الدخول
- **التخلي عن** العهود الخفية
- **قاوم** بالسلطة
- **استعادة** ما سُرق

لقد ولدت في معركة

هذا ليس كتابًا تعبديًا لضعاف القلوب. لقد وُلدتم في ساحة معركة، لا في ملعب. لكن الخبر السار هو: **لقد انتصر يسوع في الحرب بالفعل!**

"فنزع سلاح الرؤساء والسلطات وأشهرهم جهارًا ظافرًا بهم فيه." —
كولوسي 2: 15

أنت لستَ ضحية. أنت أكثر من منتصر بفضل المسيح. فلنكشف الظلمة، ولنسلك بثقة نحو النور.

رؤية رئيسية

أصل الظلام هو الكبرياء والتمرد ورفض حكم الله. ولا تزال هذه البذور نفسها تسري في قلوب الناس والأنظمة اليوم. لفهم الحرب الروحية، علينا أولاً أن نفهم كيف بدأ التمرد.

مجلة التأمل

- هل رفضت الحرب الروحية باعتبارها خرافة؟
- ما هي الممارسات الثقافية أو العائلية التي قمت بتطبيعها والتي قد تكون مرتبطة بالتمرد القديم؟
- هل أفهم حقًا الحرب التي ولدت فيها؟

صلاة الاستنارة

يا أبانا السماوي، اكشف لي جذور التمرد الخفية من حولي وفي داخلي. اكشف لي أكاذيب الظلام التي ربما اعتنقتها دون وعي. دع حقيقتك تشرق في كل مكان مظلم. أختار ملكوت النور. أختار أن أسلك في الحق والقوة والحرية باسم يسوع. آمين.

الفصل الثاني: كيف تعمل المملكة المظلمة اليوم

"لئلا يستحوذ علينا الشيطان، لأننا لا نجهل أفكاره." — 2 كورنثوس 2: 11

مملكة الظلام لا تعمل عشوائيًا، بل هي بنية تحتية روحية منظمة، عميقة الطبقات، تعكس الاستراتيجية العسكرية. هدفها: التسلل، والتلاعب، والسيطرة، وفي النهاية التدمير. وكما أن لمملكة الله رتبة ونظام (رسل، أنبياء إلخ)، فكذلك لمملكة الظلام - برئاساتها، وسلطانها، وحكام الظلمة، وروح الشر في السموات (أفسس ٦: ١٢).

مملكة الظلام ليست أسطورة، وليست فولكلورًا أو خرافة دينية. إنها شبكة خفية، لكنها حقيقية، من عملاء روحيين يتلاعبون بالأنظمة والناس، وحتى الكنائس، لتحقيق أجندة الشيطان. وبينما يتخيل الكثيرون مذراة وقرونًا حمراء، فإن العمل الحقيقي لهذه المملكة أكثر دهاءً ومنهجيةً وشرًا.

1. الخداع هو عملتهم

يتاجر العدو بالأكاذيب. من جنة عدن (سفر التكوين ٣) إلى فلسفات العصر الحديث، لطالما تمحورت أساليب الشيطان حول زرع الشك في كلمة الله. واليوم، يظهر الخداع في صورة:

- تعاليم العصر الجديد متخفية في صورة التنوير
- الممارسات الخفية مقنعة بالفخر الثقافي
- السحر يتم تمجيده في الموسيقى والأفلام والرسوم المتحركة واتجاهات وسائل التواصل الاجتماعي

يشارك الناس دون علمهم في طقوس أو يستهلكون وسائل إعلام تفتح الأبواب الروحية دون تمييز.

2. الهيكل الهرمي للشر

وكما أن مملكة الله تتمتع بالنظام، فإن المملكة المظلمة تعمل وفق تسلسل هرمي محدد:

- **الإمارات** – الأرواح الإقليمية المؤثرة على الدول والحكومات
- **القوى** – العملاء الذين يفرضون الشر من خلال الأنظمة الشيطانية
- **حكام الظلام** – منسقو العمى الروحي، وعبادة الأصنام، والدين الزائف
- **الشر الروحي في الأماكن العليا** - كيانات النخبة التي تؤثر على الثقافة العالمية والثروة والتكنولوجيا

يتخصص كل شيطان في مهام معينة - الخوف، والإدمان، والانحراف الجنسي، والارتباك، والكبرياء، والانقسام.

أدوات السيطرة الثقافية .3

لم يعد الشيطان بحاجة إلى الظهور جسديًا. فالثقافة الآن تتولى المهمة الشاقة. وتشمل استراتيجياته اليوم ما يلي:

- **الرسائل الخفية:** الموسيقى والعروض والإعلانات المليئة بالرموز المخفية والرسائل المعكوسة
- **إزالة الحساسية:** التعرض المتكرر للخطيئة (العنف، العري، "الألفاظ البذيئة) حتى تصبح "طبيعية
- **تقنيات التحكم في العقل:** من خلال التنويم المغناطيسي الإعلامي، والتلاعب العاطفي، والخوارزميات المسببة للإدمان

هذا ليس صدفة، بل هي استراتيجيات تهدف إلى إضعاف القناعات الأخلاقية، وتدمير الأسر، وإعادة تعريف الحقيقة.

الاتفاقيات بين الأجيال وسلالات الدم .4

من خلال الأحلام، والطقوس، والتكريسات، أو المواثيق العائلية، يتحالف كثير من الناس مع الظلام دون علمهم. يستغل الشيطان:

- مذابح العائلة والأصنام الأجدادية
- مراسم تسمية استدعاء الأرواح
- الخطايا أو اللعنات العائلية السرية التي تنتقل من جيل إلى جيل

هذه الأسباب القانونية المفتوحة للضيق حتى يتم كسر العهد بدم يسوع.

المعجزات الكاذبة والأنبياء الكاذبون .5

مملكة الظلام تُحب الدين، خاصةً إذا كان يفتقر إلى الحقيقة والقوة. الأنبياء الكاذبون، والأرواح المُضللة، والمعجزات المُزيفة تُخدع الجماهير.

لأن الشيطان نفسه يتحول إلى شبه ملاك نور." — 2 كورنثوس 11: 14"

يتبع الكثيرون اليوم أصواتًا تدغدغ آذانهم ولكنها تربط أرواحهم.

رؤية رئيسية

الشيطان ليس دائمًا صاخبًا، أحيانًا يهمس من باب التنازل. أعظم تكتيكات مملكة الظلام هي إقناع الناس بأنهم أحرار، بينما هم مستعبدون بمهارة.

مجلة التأمل:

- أين رأيت هذه العمليات في مجتمعك أو بلدك؟
- هل هناك عروض أو موسيقى أو تطبيقات أو طقوس قمت بتطبيعها والتي قد تكون في الواقع أدوات للتلاعب؟

صلاة الوعي والتوبة:

يا رب يسوع، افتح عينيّ لأرى كيد العدو. اكشف كل كذبة صدقتها. سامحني على كل باب فتحته، بعلمي أو بغير علم. أخالف عهدي مع الظلمة، وأختار حقيقتك، وقوتك، وحريتك. باسم يسوع. آمين.

الفصل الثالث: نقاط الدخول - كيف يقع الناس في الإدمان

لا تعطوا إبليس موطئ قدم." - أفسس 4: 27"

في كل ثقافة وجيل وبيت، ثمة منافذ خفية - بوابات يدخل منها الظلام الروحي. قد تبدو هذه المنافذ بريئة للوهلة الأولى: لعبة طفولة، طقس عائلي، كتاب، فيلم، صدمة نفسية لم تُحل. لكن بمجرد فتحها، تُصبح أرضًا خصبة للتأثير الشيطاني.

نقاط الدخول المشتركة

1. **عهود السلالة** - القسم الوراثي، والطقوس، والأصنام التي تنقل الوصول إلى الأرواح الشريرة.
2. **التعرض المبكر للسحر** - كما في قصة لورديس فالديفيا من بوليفيا، فإن الأطفال الذين يتعرضون للسحر أو الروحانية أو الطقوس الغامضة غالبًا ما يصبحون عرضة للخطر روحياً.
3. **الوسائط والموسيقى** - يمكن للأغاني والأفلام التي تمجد الظلام أو الحسية أو التمرد أن تدعو بشكل خفي إلى التأثير الروحي.
4. **الصدمة والإساءة** - يمكن للإساءة الجنسية أو الصدمة العنيفة أو الرفض أن تفتح الروح أمام الأرواح القمعية.
5. **الخطيئة الجنسية والروابط الروحية** - غالبًا ما تؤدي الاتحادات الجنسية غير المشروعة إلى إنشاء روابط روحية ونقل للأرواح.
6. **العصر الجديد والدين الزائف** - البلورات، واليوغا، والمرشدين الروحيين، والأبراج، و"السحر الأبيض" هي دعوات مستترة.
7. **المرارة وعدم المسامحة** – هذا يمنح الأرواح الشيطانية الحق القانوني في التعذيب (أنظر متى 18: 34).

أبرز الشهادات العالمية: لورديس فالديفيا (بوليفيا)

في السابعة من عمرها فقط، تعرّفت لورديس على السحر من والدتها، وهي عالمة غيبيات مخضرمة. كان منزلها مليئًا بالرموز والعظام من المقابر وكتب السحر. اختبرت الإسقاط النجمي والأصوات والعذاب قبل أن تجد يسوع

أخيرًا وتُعتق. قصتها واحدة من قصص عديدة، تثبت كيف أن التعرض المبكر وتأثير الأجيال يفتحان أبواب العبودية الروحية.

مرجع الاستغلال الأكبر:

يمكن العثور على قصص حول كيفية قيام أشخاص بفتح أبواب دون علمهم من خلال أنشطة "غير ضارة" - فقط ليتم اصطيادهم في الظلام - في Greater Exploits 14 و Delivered from the Power of Darkness (راجع الملحق) .

رؤية رئيسية

نادرًا ما يقتحم العدو المكان. ينتظر فتح باب. ما يبدو بريئًا أو موروثًا أو مسليًا قد يكون أحيانًا البوابة التي يحتاجها العدو.

مجلة التأمل

- ما هي اللحظات في حياتي التي ربما كانت بمثابة نقطة دخول روحية؟
- هل هناك تقاليد أو أشياء "غير ضارة" يجب أن أتخلى عنها؟
- هل يجب علي أن أتنازل عن أي شيء من ماضيي أو من عائلتي؟

صلاة التخلي

يا أبتِ، أُغلق كل بابٍ فتحتهُ أنا أو أجدادي للظلام. أبرؤ من كل الاتفاقات والروابط الروحية، والانكشاف لكل ما هو غير مقدس. أُحطم كل قيدٍ بدم يسوع. أُعلن أن جسدي ونفسي وروحي ملكٌ للمسيح وحده. باسم يسوع. آمين.

الفصل الرابع: المظاهر - من الاستحواذ إلى الهوس

> عندما يخرج روح نجس من إنسان، فإنه يجوب الأماكن القاحلة باحثًا عن الراحة فلا يجدها. ثم يقول: «سأعود إلى البيت الذي خرجت منه». — متى ١٢:٤٣

بمجرد أن يقع الشخص تحت تأثير مملكة الظلام، تختلف مظاهره بناءً على مستوى الوصول الشيطاني الممنوح له. العدو الروحي لا يكتفي بالزيارة، بل هدفه النهائي هو السكن والسيطرة.

مستويات التجلي

1. **التأثير** – يكتسب العدو نفوذه من خلال الأفكار والعواطف والقرارات.
2. **القمع** - هناك ضغط خارجي، وثقل، وارتباك، وعذاب
3. **الهوس** - يصبح الشخص مهووسًا بالأفكار المظلمة أو السلوك القهري.
4. **الاستحواذ** – في حالات نادرة ولكن حقيقية، يسكن الشياطين ويسيطرون على إرادة الشخص أو صوته أو جسده.

غالبًا ما تكون درجة الظهور مرتبطة بعمق التنازل الروحي.

دراسات حالة عالمية للتجلي

- **أفريقيا**: حالات الزوج/الزوجة الروحية، الجنون، العبودية الطقسية.
- **أوروبا**: التنويم المغناطيسي الجديد، والإسقاط النجمي، وتفتيت العقل.
- **آسيا**: روابط الروح الأجدادية، وفخاخ التناسخ، وعهود الدم.
- **أمريكا الجنوبية**: الشامانية، المرشدين الروحيين، إدمان القراءة النفسية.
- **أمريكا الشمالية**: السحر في وسائل الإعلام، والأبراج "غير الضارة"، وبوابات المواد.

- **الشرق الأوسط:** مواجهات الجن، وقسم الدم، والتزييفات النبوية.

تقدم كل قارة قناعها الفريد من نفس النظام الشيطاني - ويجب على المؤمنين أن يتعلموا كيفية التعرف على العلامات.

الأعراض الشائعة للنشاط الشيطاني

- الكوابيس المتكررة أو شلل النوم
- الأصوات أو العذاب العقلي
- الخطيئة القهرية والارتداد المتكرر
- أمراض غير مبررة، أو خوف، أو غضب
- القوة أو المعرفة الخارقة للطبيعة
- النفور المفاجئ من الأمور الروحية

رؤية رئيسية

ما نسميه مشاكل "عقلية" أو "عاطفية" أو "طبية" قد تكون روحية أحيانًا - ليس دائمًا، ولكن في كثير من الأحيان يكون التمييز أمرًا بالغ الأهمية.

مجلة التأمل

- هل لاحظت صراعات متكررة تبدو ذات طبيعة روحية؟
- هل هناك أنماط تدميرية متوارثة في عائلتي؟
- ما هي أنواع الوسائط أو الموسيقى أو العلاقات التي أسمح لها بالدخول إلى حياتي؟

صلاة التخلي

يا رب يسوع، إني أتخلى عن كل اتفاق خفي، وكل باب مفتوح، وكل عهد غير صالح في حياتي. أقطع صلاتي بكل ما ليس منك - بعلمي أو بغير علم. أدعو نار الروح القدس لتبيد كل أثر للظلام في حياتي. حررني تمامًا. باسمك القدير. آمين.

الفصل الخامس: قوة الكلمة – سلطة المؤمنين

ها أنا أعطيكم سلطانًا لتدوسوا الحيات والعقارب وكل قوة العدو، ولا" (KJV) يضركم شيء على الإطلاق." — لوقا 10: 19

يعيش كثير من المؤمنين في خوف من الظلام لعدم فهمهم النور الذي يحملونه. ومع ذلك، يكشف الكتاب المقدس أن كلمة الله **ليست سيفًا فحسب (أفسس ٦: ١٧)** ، بل هي نار (إرميا ٢٣: ٢٩)، ومطرقة، وبذرة، بل هي الحياة نفسها. في المعركة بين النور والظلام، لا يكون من يعرفون الكلمة ويعلنونها ضحايا أبدًا.

ما هي هذه القوة؟

القوة التي يتمتع بها المؤمنون هي **سلطة مُفوَّضة** . كشرطيٍ يحمل شارة، لا نعتمد على قوتنا الذاتية، بل باسم **يسوع** ومن خلال كلمة الله. عندما هزم يسوع الشيطان في البرية، لم يصرخ أو يبكي أو يُذعر - بل قال ببساطة: "مكتوب".

وهذا هو النموذج لجميع الحروب الروحية.

لماذا لا يزال العديد من المسيحيين مهزومين؟

1. **الجهل** – إنهم لا يعرفون ما تقوله الكلمة عن هويتهم.
2. **الصمت** – لا يعلنون كلمة الله على المواقف.
3. **التناقض** - إنهم يعيشون في دورات من الخطيئة، مما يؤدي إلى تآكل الثقة والوصول إلى الهدف.

النصر لا يعني الصراخ بصوت أعلى، بل يعني **الإيمان العميق** والإعلان **بجرأة** .

السلطة في العمل – قصص عالمية

- **نيجيريا:** تم إنقاذ طفل صغير وقع في فخ الطائفية عندما كانت والدته تدهن غرفته باستمرار وتتحدث المزمور 91 كل ليلة.

- **الولايات المتحدة:** تخلت إحدى أتباع الويكان السابقين عن ممارسة السحر بعد أن أعلن أحد زملائها بهدوء عن النصوص المقدسة في مكان عملها يوميًا لعدة أشهر.
- **الهند:** أعلن أحد المؤمنين إشعياء 54:17 أثناء مواجهة هجمات السحر الأسود المستمرة - توقفت الاعتداءات، واعترف المهاجم.
- **البرازيل:** استخدمت امرأة تصريحات يومية من رومية 8 على أفكارها الانتحارية وبدأت في السير في سلام خارق للطبيعة.

الكلمة حيّة، لا تحتاج إلى كمالنا، بل إلى إيماننا واعترافنا فقط.

كيفية استخدام الكلمة في الحرب

1. **احفظ الآيات** المتعلقة بالهوية والنصر والحماية.
2. **تحدث بالكلمة بصوت عالٍ** ، خاصة أثناء الهجمات الروحية.
3. **استخدمها في الصلاة** ، معلنًا وعود الله على المواقف.
4. **صوموا وصلوا** مع الكلمة كمرساة لكم (متى 17: 21).

الكتب المقدسة الأساسية للحرب

- كورنثوس 10: 3-5 – هدم الحصون 2
- إشعياء 54: 17 – لا ينجح أي سلاح مُصَوَّر
- لوقا 10: 19 – السلطة على العدو
- المزمور 91 – الحماية الإلهية
- رؤيا يوحنا 12: 11 – مغلوبًا بالدم والشهادة

رؤية رئيسية

إن كلمة الله في فمك لها نفس قوة الكلمة في فم الله – عندما تُقال بالإيمان.

مجلة التأمل

- هل أعرف حقوقي الروحية كمؤمن؟
- ما هي الكتب المقدسة التي أقف عليها بنشاط اليوم؟
- هل سمحت للخوف أو الجهل بإسكات سلطتي؟

صلاة التمكين

يا أبتِ، افتح عينيّ على سلطان المسيح. علّمني أن أستخدم كلمتك بجرأة وإيمان. حيثما سمحتُ للخوف أو الجهل أن يسود، فليأتِ الوحي. أقف اليوم كابنٍ لله، مُسلّحًا بسيف الروح. سأنطق بالكلمة. سأقف منتصرًا. لن أخاف العدو - لأن الذي فيّ أعظم. باسم يسوع. آمين.

اليوم الأول: السلالات والبوابات - كسر قيود العائلة

آباؤنا أخطأوا ولم يعودوا موجودين، ونحن نتحمل عقابهم." — مراثي 5: 7"

ربما تكون قد خلصت، لكن سلالتك لا تزال لها تاريخ - وحتى يتم كسر العهود القديمة، فإنها تستمر في الكلام.

في كل قارة، توجد مذابح خفية، ومواثيق أجداد، ونذور سرية، وآثام موروثة تبقى قائمة حتى تُعالج تحديدًا. ما بدأ مع أجداد أجدادنا ربما لا يزال يُسيطر على مصائر أطفال اليوم.

التعبيرات العالمية

- **أفريقيا** - آلهة العائلة، العرافات، السحر المتوارث، التضحيات الدموية.
- **آسيا** - عبادة الأسلاف، وروابط التناسخ، وسلاسل الكارما.
- **أمريكا اللاتينية** - السانتيريا، مذابح الموت، قسم الدم الشاماني.
- **أوروبا** - الماسونية، الجذور الوثنية، اتفاقيات الدم.
- **أمريكا الشمالية** - ميراث العصر الجديد، والسلالة الماسونية، والأشياء الغامضة.

"وتستمر اللعنة حتى ينهض أحدهم ليقول: "لا مزيد!

شهادة أعمق – الشفاء من الجذور

امرأة من غرب أفريقيا، بعد قراءتها لكتاب "مآثر عظيمة" الجزء الرابع عشر أن إجهاضها المزمن وعذابها المبهم مرتبطان بمنصب جدها ككاهن مزار ، كانت قد قبلت المسيح منذ سنوات، لكنها لم تتطرق قط إلى عهود العائلة.

بعد ثلاثة أيام من الصلاة والصوم، قُدِّر لها أن تُدمِّر بعض الميراث وتنبذ العهود، مُستعينةً بغلاطية ٣: ١٣. في ذلك الشهر تحديدًا، حملت وحملت بطفلٍ كامل. واليوم، تقود الآخرين في خدمة الشفاء والخلاص.

رجل آخر من أمريكا اللاتينية، من كتاب " التحرر من سطوة الظلام" ، وجد الحرية بعد أن نبذ لعنة ماسونية ورثها سرًا من جده الأكبر. وعندما بدأ بتطبيق آيات مثل إشعياء ٤٩: ٢٤-٢٦، وابتهج بصلوات التحرر، توقف عذابه النفسي وعاد السلام إلى منزله.

هذه القصص ليست مصادفات، بل هي شهادات على الحقيقة في العمل.

خطة العمل – جرد الأسرة

1. - اكتب كل المعتقدات والممارسات والانتماءات العائلية المعروفة الدينية أو الصوفية أو الجمعيات السرية.
2. اطلب من الله أن يكشف لك المذابح والعهود الخفية.
3. قم بتدمير والتخلص من أي شيء مرتبط بالوثنية أو الممارسات الغامضة بصلاة.
4. سارع كما قُدنا واستخدم النصوص المقدسة أدناه لكسر الأرضية القانونية:
   - لاويين 26: 40-42
   - إشعياء 49: 24-26
   - غلاطية 3: 13

مناقشة جماعية وتطبيق

- ما هي الممارسات العائلية الشائعة التي غالبًا ما يتم التغاضي عنها باعتبارها غير ضارة ولكنها قد تكون خطيرة روحياً؟
- اطلب من الأعضاء أن يشاركوا بشكل مجهول (إذا لزم الأمر) أي أحلام أو أشياء أو دورات متكررة في سلالتهم.
- صلاة جماعية للتخلي عن الدين - يمكن لكل شخص أن يذكر اسم العائلة أو القضية التي يرغب في التخلي عنها.

أدوات الخدمة: أحضر زيت المسحة. قدّم القربان. قُد المجموعة في صلاة عهدية للاستبدال - مُكرّسًا كل سلالة عائلية للمسيح.

رؤية رئيسية

الولادة الجديدة تُنقذ روحك. نقض عهود العائلة يُحفظ مصيرك.

مجلة التأمل

- ما الذي يجري في عائلتي؟ ما الذي يجب أن يتوقف معي؟
- هل هناك أشياء أو أسماء أو تقاليد في منزلي تحتاج إلى التخلص منها؟
- ما هي الأبواب التي فتحها أجدادي والتي يجب علي الآن إغلاقها؟

صلاة التحرير

يا رب يسوع، أشكرك على دمك الذي يُخبر بأمور أفضل. اليوم، أنكر كل مذبح خفي، وكل عهد عائلي، وكل عبودية موروثة. أكسر قيود سلالتي وأعلن أنني خليقة جديدة. حياتي وعائلتي ومصيري الآن ملك لك وحدك. باسم يسوع. آمين.

اليوم الثاني: غزوات الأحلام - عندما يصبح الليل ساحة معركة

— ".وبينما كان الناس نائمين، جاء عدوه وزرع زوانًا بين القمح، ثم مضى"
متى ١٣: ٢٥

- بالنسبة للعديد من الناس، فإن الحرب الروحية الأعظم لا تحدث أثناء اليقظة بل تحدث أثناء النوم.

الأحلام ليست مجرد نشاط دماغي عشوائي، بل هي بوابات روحية تُتبادل من خلالها التحذيرات والهجمات والعهود والمصائر. يستخدم العدو النوم ساحة معركة صامتة لبثّ الخوف والشهوة والحيرة والتأخير، كل ذلك دون مقاومة لأن معظم الناس يجهلون طبيعة هذه الحرب.

التعبيرات العالمية

- **أفريقيا** – الأزواج الروحيون، الثعابين، الأكل في الأحلام، الحفلات التنكرية.
- **آسيا** - لقاءات الأجداد، أحلام الموت، العذاب الكرمي.
- **أمريكا اللاتينية** - الشياطين الحيوانية، الظلال، شلل النوم.
- **أمريكا الشمالية** - الإسقاط النجمي، الأحلام الغريبة، وإعادة عرض الصدمات.
- **،أوروبا** - المظاهر القوطية، شياطين الجنس (الشيطان/السُّكُكوبس) تجزئة الروح.

إذا كان الشيطان يستطيع التحكم في أحلامك، فإنه يستطيع التأثير على مصيرك.

شهادة – من الرعب الليلي إلى السلام

أرسلت شابة من المملكة المتحدة بريدًا إلكترونيًا بعد قراءة كتاب "الشيطان السابق: تبادل جيمس" . روت كيف عانت لسنوات من أحلام المطاردة، أو

عضّ الكلاب، أو النوم مع رجال غرباء، والتي كانت تتبعها دائمًا انتكاسات في الحياة الواقعية. فشلت علاقاتها، وتبخرت فرص العمل، وكانت منهكة باستمرار.

من خلال الصيام ودراسة آيات مثل أيوب ٣٣: ١٤-١٨، اكتشفت أن الله غالبًا ما يتحدث من خلال الأحلام، وكذلك يفعل العدو. بدأت تدهن رأسها بالزيت وترفض الأحلام الشريرة بصوت عالٍ عند الاستيقاظ، وتدوّن أحلامها في دفتر يوميات. تدريجيًا، أصبحت أحلامها أكثر وضوحًا وسلامًا. واليوم، تقود مجموعة دعم للشابات اللواتي يعانين من نوبات الأحلام.

أدرك رجل أعمال نيجيري، بعد استماعه إلى شهادة على يوتيوب، أن حلمه بتقديم الطعام له كل ليلة مرتبط بالسحر. في كل مرة كان يقبل فيها الطعام في حلمه، كانت الأمور تسوء في عمله. تعلم رفض الطعام فورًا في الحلم والدعاء بألسنة قبل النوم، والآن يرى استراتيجيات وتحذيرات إلهية بدلًا من ذلك.

خطة العمل - تعزيز حراساتك الليلية

1. **قبل النوم:** اقرأ الآيات بصوت عالٍ. تعبد. ادهن رأسك بالزيت.
2. **مذكرات الأحلام:** دوّن كل حلم تراه عند الاستيقاظ، سواءً كان جيدًا أم سيئًا. اطلب تفسيره من الروح القدس.
3. **الرفض والتخلي:** إذا كان الحلم يتضمن نشاطًا جنسيًا، أو أقاربًا متوفين، أو أكلًا، أو عبودية - فتخلى عنه على الفور في الصلاة.
4. **حرب الكتاب المقدس:**
   - المزمور 4: 8 - نوم هادئ
   - أيوب 33: 14-18 - الله يتكلم من خلال الأحلام
   - متى 13: 25 - العدو يزرع الزوان
   - إشعياء 54: 17 - لم يُصَوَّر سلاح ضدك

تطبيق المجموعة

- شارك أحلامك الأخيرة دون الكشف عن هويتك. دع المجموعة تكتشف الأنماط والمعاني.
- تعليم الأعضاء كيفية رفض الأحلام الشريرة لفظيًا وختم الأحلام الجيدة بالصلاة.

- إعلان المجموعة: "نحن نمنع المعاملات الشيطانية في أحلامنا، باسم يسوع!"

أدوات الوزارة:

- أحضر معك ورقًا وأقلامًا لتدوين أحلامك.
- أظهر كيفية مسح المنزل والفراش.
- تقديم القربان المقدس كختم العهد في الليل.

رؤية رئيسية

الأحلام إما أن تكون بوابات للقاءات إلهية أو فخاخًا شيطانية. الفطنة هي المفتاح.

مجلة التأمل

- ما هي أنواع الأحلام التي كنت أعيشها باستمرار؟
- هل أخصص وقتا للتفكير في أحلامي؟
- هل كانت أحلامي تحذرني من شيء تجاهلته؟

صلاة حراسة الليل

يا أبتِ، أُكرِّسُ لكَ أحلامي. لا تدعْ أيَّ قوةٍ شريرةٍ تُسيطر على نومي. أرفضُ كلَّ عهدٍ شيطانيٍّ، أو دنسٍ جنسيٍّ، أو تلاعبٍ في أحلامي. أتلقى زيارةً إلهيةً وتعليمًا سماويًا، وحمايةً ملائكيةً أثناء نومي. لتكن لياليَّ مليئةً بالسلام والكشف والقوة. باسم يسوع، آمين.

اليوم الثالث: الأزواج الروحيون - اتحادات غير مقدسة تربط المصائر

"لأن خالقك هو زوجك، الرب القدير اسمه..." - إشعياء 54: 5
"ذبحوا أبنائهم وبناتهم للشياطين." - مزمور 106: 37

في حين ينادي الكثيرون بالتقدم في حياتهم الزوجية، فإن ما لا يدركونه هو أنهم بالفعل في زواج روحي - وهو زواج لم يوافقوا عليه أبدًا.

هذه عهود تُعقد من خلال الأحلام، أو التحرش، أو طقوس الدم، أو المواد الإباحية، أو قسم الأجداد، أو نقل الأرواح الشريرة. يكتسب الزوج الروحي - الذكر أو الأنثى - حقًا قانونيًا في جسد الشخص، وخصوصيته، ومستقبله، مما يعيق العلاقات، ويدمر المنازل، ويسبب الإجهاض، ويغذي الإدمان.

المظاهر العالمية

- **أفريقيا** - الأرواح البحرية (مامي واتا)، زوجات/أزواج الأرواح من ممالك المياه.
- **آسيا** - الزيجات السماوية، لعنات توأم الروح الكرمية، الأزواج المتجسدون.
- **أوروبا** - اتحادات السحر، عشاق الشيطان من الماسونية أو جذور الدرويد.
- **أمريكا اللاتينية** - زواج السانتيريا، تعويذات الحب، وزواج الأرواح المبني على العهد.
- **أمريكا الشمالية**، البوابات الروحية الناجمة عن المواد الإباحية وأرواح الجنس في العصر الجديد، والاختطافات الفضائية كمظاهر لمواجهات مع الجن.

قصص حقيقية - معركة الحرية الزوجية

تولو، نيجيريا.

كانت تولو في الثانية والثلاثين من عمرها، عزباء. في كل مرة تُخطب، كان الرجل يختفي فجأة. كانت تحلم باستمرار بالزواج في احتفالات مُعقدة. في مآثر عظيمة ١٤ "، أدركت أن حالتها تتطابق مع شهادة قُدّمت هناك. صمّت"

ثلاثة أيام وصلاة ليلية في منتصف الليل، قاطعةً روابطها الروحية، وطردت الروح البحرية التي استحوذت عليها. اليوم، هي متزوجة وتُقدّم المشورة للآخرين.

لينا، الفلبين.

كثيراً ما كانت تشعر بوجود شيء ما يحيط بها ليلاً. ظننت أنها تتخيل أشياءً حتى بدأت تظهر كدمات على ساقيها وفخذيها دون أي تفسير. ميّز قسّها شريكة روحية. اعترفت بإدمانها السابق على الإجهاض والمواد الإباحية، ثم خضعت للتحرير. وهي الآن تساعد الشابات على تحديد أنماط مماثلة في مجتمعها.

خطة العمل – خرق العهد

1. **اعترف** وتب عن الخطايا الجنسية، أو الروابط الروحية، أو التعرض للسحر، أو الطقوس السلفية.
2. **رفض** كل الزيجات الروحية في الصلاة - بالاسم، إذا تم الكشف عنها.
3. **صوم** لمدة ثلاثة أيام (أو حسب التوجيه) مع إشعياء 54 والمزمور 18 كآيات أساسية.
4. **تدمير** الرموز المادية: الخواتم، أو الملابس، أو الهدايا المرتبطة بعشاق الماضي أو الانتماءات الغامضة.
5. : **أعلن بصوت عال**

أنا لستُ متزوجًا من أي روح. أنا مُلتزمٌ بيسوع المسيح. أرفض كلَّ اتحادٍ شيطانيٍّ في جسدي ونفسي وروحي!

أدوات الكتاب المقدس

- إشعياء 54: 4-8 – الله زوجك الحقيقي
- المزمور 18 – قطع حبال الموت
- كورنثوس 6: 15-20 – جسدك ملك للرب 1
- هوشع 2: 6-8 – نقض العهود غير النقية

تطبيق المجموعة

- اسأل أعضاء المجموعة: هل حلمت يومًا بحفلات زفاف، أو ممارسة الجنس مع غرباء، أو بشخصيات غامضة في الليل؟
- قيادة مجموعة التخلي عن الأزواج الروحيين.
- قم بتمثيل دور "محكمة الطلاق في السماء" - حيث يقوم كل مشارك برفع دعوى طلاق روحي أمام الله في الصلاة.
- استخدم زيت المسحة على الرأس والبطن والقدمين كرموز للتطهير والتكاثر والحركة.

رؤية رئيسية

الزيجات الشيطانية حقيقية. لكن لا يوجد اتحاد روحي لا يمكن كسره بدم يسوع.

مجلة التأمل

- هل حلمت بشكل متكرر بالزواج أو ممارسة الجنس؟
- هل هناك أنماط من الرفض أو التأخير أو الإجهاض في حياتي؟
- هل أنا على استعداد لتسليم جسدي وجنسيتي ومستقبلي بالكامل إلى الله؟

صلاة الخلاص

يا أبانا السماوي، أتوب عن كل خطيئة جنسية، معلومة كانت أم مجهولة. أرفض وأتنصل من كل زوج روحي، أو روح بحرية، أو زواج خفي يُهدد حياتي. بقوة دم يسوع، أنقض كل عهد، وكل بذرة حلم، وكل رباط روحي. أُعلن أنني عروس المسيح، مُخصصة لمجده. أسير حرًا، باسم يسوع. آمين.

اليوم الرابع :الأشياء الملعونة – الأبواب التي تنجس

ولا تدخل رجسًا إلى بيتك لئلا تُلعن مثله." — تثنية 7: 26"

مدخل مخفي يتجاهله الكثيرون

ليست كل ممتلكات مجرد ممتلكات. بعض الأشياء تحمل تاريخًا، وبعضها الآخر يحمل أرواحًا. الأشياء الملعونة ليست مجرد أصنام أو قطع أثرية، بل قد تكون كتبًا، أو مجوهرات، أو تماثيل، أو رموزًا، أو هدايا، أو ملابس، أو حتى تذكارات موروثة كانت مُهداة لقوى الظلام. ما هو على رفك، أو معصمك، أو حائطك، قد يكون مدخلًا للعذاب في حياتك.

الملاحظات العالمية

- **أفريقيا** : القرع، والتعويذات، والأساور المرتبطة بأطباء السحر أو عبادة الأجداد.
- **آسيا** : التمائم، وتماثيل الأبراج، والهدايا التذكارية للمعابد.
- **أمريكا اللاتينية** : قلادات السانتيريا، الدمى، الشموع مع النقوش الروحية.
- **أمريكا الشمالية** : بطاقات التارو، ولوحات الويجا، ومصائد الأحلام، وتذكارات الرعب.
- **أوروبا** : آثار وثنية، وكتب غامضة، وإكسسوارات ذات طابع ساحر.

عانى زوجان في أوروبا من مرض مفاجئ وضيق نفسي بعد عودتهما من إجازة في بالي. دون علمهما، اشتريا تمثالًا منحوتًا مُهدىً لإله بحر محلي. بعد الصلاة والتأمل، أزالا التمثال وأحرقاه. وعاد السلام إلى نفوسهما على الفور.

امرأة أخرى من ضحايا المآثر الكبرى عن كوابيس لا يمكن تفسيرها، إلى أن تبين أن القلادة التي أهدتها لها عمتها كانت في الواقع جهاز مراقبة روحي مكرس في ضريح.

لا يجب عليك تنظيف منزلك جسديًا فقط، بل يجب عليك أيضًا تنظيفه روحيًا.

"شهادة: "الدمية التي راقبتني

لورديس فالديفيا، التي تناولنا قصتها سابقًا من أمريكا الجنوبية، تلقت ذات مرة دمية خزفية خلال احتفال عائلي. كرستها والدتها في طقوس غامضة. منذ الليلة التي أُدخلت فيها إلى غرفتها، بدأت لورديس تسمع أصواتًا، وتعاني من شلل النوم، وترى أشكالًا في الليل.

لم تتخلص من الدمية إلا بعد أن صلّت معها صديقة مسيحية وكشف لها الروح القدس عن أصلها. وعلى الفور، رحل عنها الشيطان. وهكذا بدأت صحوتها من الظلم إلى الخلاص.

خطة العمل - تدقيق المنزل والقلب

1. **قم بالسير في كل غرفة** في منزلك بزيت المسحة والكلمة.
2. **اطلب من الروح القدس** أن يسلط الضوء على الأشياء أو المواهب التي ليست من الله.
3. **أحرق أو تخلص من** العناصر المرتبطة بالسحر أو عبادة الأصنام أو الفجور.
4. **أغلق جميع الأبواب** بآيات مثل:
   - تثنية 7: 26
   - أعمال الرسل 19:19
   - كورنثوس 6: 16-18 2

مناقشة جماعية وتفعيل

- شارك بأي عناصر أو هدايا كنت تملكها ذات يوم وكان لها تأثيرات غير عادية في حياتك.
- قم بإنشاء "قائمة تنظيف المنزل" معًا.
- تعيين الشركاء للصلاة من خلال البيئات المنزلية لبعضهم البعض (مع الإذن).
- ادعُ وزير التحرير المحلي لقيادة صلاة تطهير المنزل النبوية.

أدوات الخدمة: زيت المسحة، موسيقى العبادة، أكياس القمامة (للتخلص منها حقًا)، وحاوية آمنة ضد الحرائق للأشياء التي سيتم تدميرها.

رؤية رئيسية

ما تسمح به في مساحتك الخاصة يمكن أن يسمح للأرواح في حياتك.

مجلة التأمل

- ما هي العناصر الموجودة في منزلي أو خزانة ملابسي والتي لها أصول روحية غير واضحة؟
- هل احتفظت بشيء بسبب قيمته العاطفية التي أحتاج الآن إلى التخلي عنها؟
- هل أنا مستعد لتقديس مكاني للروح القدس؟

صلاة التطهير

يا رب يسوع، أدعو روحك القدوس ليكشف كل ما في بيتي ليس لك. أتبرأ من كل شيء ملعون، أو هدية، أو شيء مرتبط بالظلام. أعلن بيتي أرضًا مقدسة. فليحل سلامك وطهارتك هنا. باسم يسوع. آمين.

اليوم الخامس: مسحور ومخدوع - التحرر من روح العرافة

هؤلاء الرجال هم خدام الله العلي، الذين يُبشروننا بطريق الخلاص. — أعمال الرسل ١٦: ١٧ (ترجمة الملك جيمس الجديدة)

فغضب بولس بشدة، والتفت إلى الروح وقال: «آمرك باسم يسوع المسيح أن تخرج منها. فخرج في تلك الساعة.» — أعمال الرسل ١٦: ١٨

هناك خط رفيع بين النبوة والعرافة - والعديد من الناس اليوم يعبرون هذا الخط دون أن يعرفوا ذلك.

من أنبياء يوتيوب الذين يتقاضون أجرًا على "كلامهم الشخصي"، إلى قارئي التاروت على مواقع التواصل الاجتماعي الذين يقتبسون من الكتب المقدسة، أصبح العالم سوقًا للضجيج الروحي. وللأسف، يشرب الكثير من المؤمنين دون علمهم من جداول ملوثة.

روح **العرافة** الروح القدس. فهي تُغري، وتُغوي، وتتلاعب بالعواطف، وتُوقع ضحاياها في شباك السيطرة. هدفها؟ **الإيقاع بهم روحيًا، وخداعهم واستعبادهم**.

التعبيرات العالمية للعرافة

- **أفريقيا** ـ العرافون، كهنة إيفا، وسطاء أرواح الماء، الاحتيال النبوي.
- **آسيا** ـ قارئو الكف، المنجمون، العرافون، أنبياء التناسخ.
- **أمريكا اللاتينية** ـ أنبياء السانتيريا، وصانعو السحر، والقديسين ذوي القوى المظلمة.
- **أوروبا** ـ بطاقات التارو، الاستبصار، الدوائر المتوسطة، توجيه العصر الجديد.
- **أمريكا الشمالية** ـ علماء النفس "المسيحيون"، وعلم الأعداد في الكنائس، وبطاقات الملائكة، والمرشدين الروحيين المتنكرين في صورة الروح القدس.

إن الخطير ليس ما يقولونه فحسب، بل **الروح** التي تكمن وراءه.

الشهادة: من العراف إلى المسيح

أدلت امرأة أمريكية بشهادتها على يوتيوب، وكيف تحولت من كونها "نبية مسيحية" إلى إدراك أنها تعمل تحت تأثير روح العرافة. بدأت ترى رؤىً واضحة، وتُلقي كلمات نبوية مُفصلة، وتجذب حشودًا غفيرة عبر الإنترنت. لكنها عانت أيضًا من الاكتئاب والكوابيس، وكانت تسمع همسات بعد كل جلسة.

في أحد الأيام، بينما كانت تشاهد درسًا عن أعمال الرسل ١٦، انقلبت موازينها. أدركت أنها لم تخضع قط للروح القدس، بل لموهبتها فقط. بعد توبة عميقة وتحرر، تخلصت من بطاقات ملائكتها ومفكرة صيامها المليئة بالطقوس. اليوم، تُبشر بيسوع، لا بكلمات

55

خطة العمل – اختبار الأرواح

1. اسأل: هل هذه الكلمة/الهدية تجذبني إلى **المسيح** ، أم إلى **الشخص** الذي يقدمها؟
2. .اختبر كل روح بـ 1 يوحنا 4: 1-3
3. .التوبة عن أي تورط في ممارسات نفسية أو غامضة أو نبوية مزيفة
4. اقطع كل الروابط الروحية مع الأنبياء الكذبة، أو العرافين، أو معلمي السحر (حتى عبر الإنترنت).
5. :أعلن بجرأة

!أرفض كل روح كاذبة. أنا ملكٌ ليسوع وحده. أذناي مُصغيتان لصوته

تطبيق المجموعة

- ناقش: هل اتبعت يومًا نبيًا أو مرشدًا روحيًا ثم اتضح لاحقًا أنه كاذب؟
- تمرين جماعي: قيادة الأعضاء إلى التخلي عن ممارسات معينة مثل علم التنجيم، وقراءة الروح، والألعاب النفسية، أو المؤثرين الروحيين غير المتجذرين في المسيح.
- ادعُ الروح القدس: خصص عشر دقائق للصمت والاستماع. ثم شارك ما يكشفه الله - إن وُجد.
- احرق أو احذف العناصر الرقمية/المادية المتعلقة بالعرافة، بما في ذلك الكتب، أو التطبيقات، أو مقاطع الفيديو، أو الملاحظات.

:أدوات الخدمة

زيت التحرير، الصليب (رمز الخضوع)، سلة المهملات/الدلو للتخلص من العناصر الرمزية، موسيقى العبادة التي تركز على الروح القدس.

رؤية رئيسية

ليس كل ما هو خارق للطبيعة من الله. النبوة الحقيقية تنبع من التقرب من المسيح، لا من التلاعب أو الاستعراض.

مجلة التأمل

- هل انجذبت يومًا إلى الممارسات الروحية النفسية أو التلاعبية؟
- هل أنا أكثر إدمانًا على "الكلمات" من كلمة الله؟
- ما هي الأصوات التي سمحت لها بالوصول إليها والتي تحتاج الآن إلى إسكاتها؟

صلاة الخلاص

يا أبتِ، إني أُوافق على كل روح عرافة، وتلاعب، ونبوءة كاذبة. أتوب عن طلبي الهداية بعيدًا عن صوتك. طهّر عقلي ونفسي وروحي. علّمني أن أسير بروحك وحده. أُغلق كل باب فتحته على علوم الغيب، بعلمي أو بغير علم. أُعلن أن يسوع هو راعيّ، ولا أسمع إلا صوته. باسم يسوع القدير، آمين.

اليوم السادس :أبواب العين – إغلاق بوابات الظلام

.العين سراج الجسد. إن كانت عيناك سليمتين، كان جسدك كله نيرًا
(NIV) متى ٦: ٢٢ -
(KJV) لن أضع أمام عينيّ شيئًا رديئًا..." - مزمور ١٠١: ٣"

في عالم الروح، **عيناك بوابتان.** ما يدخل من خلال عينيك يؤثر على روحك نقاءً أو دنسًا. العدو يعلم ذلك. ولذلك أصبحت وسائل الإعلام والصور - والمواد الإباحية وأفلام الرعب والرموز الخفية وصيحات الموضة والمحتوى المغري ساحات معارك.

.إن الحرب من أجل اهتمامك هي حرب من أجل روحك

إن ما يعتبره الكثيرون "ترفيهًا غير ضار" هو في كثير من الأحيان دعوة مشفرة - للشهوة، أو الخوف، أو التلاعب، أو الكبرياء، أو الغرور، أو التمرد، أو حتى التعلق الشيطاني.

بوابات عالمية للظلام البصري

- **أفريقيا** - أفلام طقسية، وموضوعات نوليوودية تروج للسحر وتعدد الزوجات.
- **آسيا** - الأنمي والمانغا مع البوابات الروحية والأرواح المغرية والسفر النجمي.
- ،**أوروبا** – الموضة القوطية، أفلام الرعب، هوس مصاصي الدماء الفن الشيطاني.
- **أمريكا اللاتينية** - مسلسلات تلفزيونية تمجد السحر واللعنات والانتقام.
- **أمريكا الشمالية** - وسائل الإعلام الرئيسية، ومقاطع الفيديو الموسيقية، والمواد الإباحية، والرسوم المتحركة الشيطانية ."اللطيفة"

.ما تنظر إليه باستمرار، تصبح غير حساس له

"قصة: "الكارتون الذي لعن طفلي

لاحظت أم من الولايات المتحدة أن ابنها البالغ من العمر خمس سنوات بدأ يصرخ ليلًا ويرسم صورًا مزعجة. بعد الصلاة، وجّهها الروح القدس إلى رسم كاريكاتوري كان ابنها يشاهده سرًا - رسم مليء بالتعاويذ والأرواح الناطقة والرموز التي لم تنتبه لها.

حذفت البرامج ومسحت منزلها وشاشاتها. بعد عدة ليالٍ من صلاة منتصف الليل وتلاوة المزمور 91، توقفت الهجمات، وبدأ الصبي ينام بسلام. وهي الآن تقود مجموعة دعم تساعد الآباء على حماية بوابات أطفالهم البصرية.

خطة العمل – تنقية بوابة العين

1. قم **بتدقيق إعلامي** : ماذا تشاهد؟ تقرأ؟ تتصفح؟
2. قم بإلغاء الاشتراكات أو المنصات التي تغذي جسدك بدلاً من إيمانك.
3. امسح عيونك وشاشاتك، معلنًا المزمور 101: 3.
4. استبدل القمامة بأشياء مفيدة - الأفلام الوثائقية، والعبادة، والترفيه الخالص.
5. يعلن:

لن أضع أمام عينيّ شيئًا رديئًا. رؤيتي لله.

تطبيق المجموعة

- التحدي: صيام Eye Gate لمدة 7 أيام - بدون وسائط سامة، وبدون تمرير خامل.
- شارك: ما هو المحتوى الذي طلب منك الروح القدس التوقف عن مشاهدته؟
- تمرين: ضع يديك على عينيك وتجاهل أي نجاسة من خلال الرؤية (على سبيل المثال، المواد الإباحية، والرعب، والغرور).
- النشاط: دعوة الأعضاء لحذف التطبيقات، أو حرق الكتب، أو التخلص من العناصر التي تفسد بصرهم.

الأدوات: زيت الزيتون، تطبيقات المساءلة، شاشات توقف الكتاب المقدس، بطاقات صلاة بوابة العين.

رؤية رئيسية

لا يمكنك أن تمشي بالسلطة على الشياطين إذا كنت تستمتع بهم.

مجلة التأمل

- ماذا أطعم عيني التي قد تغذي الظلام في حياتي؟
- متى كانت آخر مرة بكيت فيها بسبب شيء يكسر قلب الله؟
- هل أعطيت الروح القدس السيطرة الكاملة على وقت شاشتي؟

صلاة الطهارة

يا رب يسوع، أطلب منك أن تغسل عينيّ بدمك. سامحني على ما سمحتُ له بالدخول من خلال شاشاتي وكتبي وخيالي. اليوم، أُعلن أن عينيّ نورٌ لا ظلام. أرفض كل صورة وشهوة وتأثير ليس منك. طهّر روحي. احفظ نظري ودعني أرى ما تراه ـ في القداسة والحق. آمين.

- اليوم السابع :القوة الكامنة وراء الأسماء
التخلي عن الهويات غير المقدسة

.فدعا يعبيص إله إسرائيل قائلاً: ليتك تباركني حقًا..." فأعطاه الله ما طلبه"
أخبار الأيام 4: 10 1 —
لا يُدعى اسمك بعد أبرام، بل إبراهيم..." — تكوين 17: 5"

،الأسماء ليست مجرد تسميات، بل هي دلالات روحية. في الكتب المقدسة غالبًا ما تعكس الأسماء القدر أو الشخصية أو حتى العبودية. تسمية شيء ما هي منحه هويةً واتجاهًا. العدو يدرك هذا، ولذلك يقع كثير من الناس، دون علم منهم، في فخ الأسماء التي تُعطى لهم في جهلٍ أو ألمٍ أو عبوديةٍ .روحية

وكما غيّر الله الأسماء (إبراهيم إلى إبراهيم، ويعقوب إلى إسرائيل، وساراي .إلى سارة)، فهو لا يزال يغيّر المصائر من خلال إعادة تسمية شعبه

السياقات العالمية لتقييد الأسماء

- **أفريقيا** - الأطفال الذين سُمّوا على اسم أسلافهم المتوفين أو الأصنام .(أوغبانجي"، "دايك"، "إيفونانيا" المرتبطة بالمعاني")
- **آسيا** - أسماء التناسخ مرتبطة بالدورات الكرمية أو الآلهة.
- **أوروبا** - أسماء متجذرة في التراث الوثني أو السحري (على سبيل .(المثال، فريا، ثور، ميرلين
- **أمريكا اللاتينية** - أسماء متأثرة بالسانتيريا، وخاصة من خلال .المعموديات الروحية
- **أمريكا الشمالية** - أسماء مأخوذة من الثقافة الشعبية، أو حركات .التمرد، أو الإهداءات العائلية

.الأسماء مهمة - ويمكن أن تحمل القوة، أو البركة، أو العبودية

"قصة: "لماذا اضطررت إلى إعادة تسمية ابنتي

في فيلم "مآثر عظيمة ١٤" ، أطلق زوجان نيجيريان على ابنتهما اسم أماكا"، أي "الجميلة"، لكنها أصيبت بمرض نادر حيّر الأطباء. خلال"

مؤتمر نبوي، تلقت الأم وحيًا: الاسم كان يُستخدم سابقًا من قِبل جدتها، وهي ساحرة، والتي تدّعي روحها الآن الطفلة.

غيّروا اسمها إلى "أولواتاميلور" (أي باركني الله)، ثمّ صاموا وصلّوا شُفيت الطفلة تمامًا.

حالة أخرى من الهند تتعلق برجل يُدعى "كارما"، يُعاني من لعناتٍ متوارثة بعد أن تخلّى عن صلاته بالهندوسية وغيّرَ اسمه إلى "جوناثان"، بدأ يُحقق طفرةً في وضعه المالي والصحي.

خطة العمل – التحقيق في اسمك

1. ابحث عن المعنى الكامل لأسمائك ـ الاسم الأول، الاسم الأوسط، اسم العائلة.
2. اسأل والديك أو كبار السن لماذا تم إعطاؤك هذه الأسماء.
3. التخلي عن المعاني الروحية السلبية أو الإهداءات في الصلاة.
4. أعلن هويتك الإلهية في المسيح:

«أنا مدعو باسم الله. اسمي الجديد مكتوب في السماء» (رؤيا ٢: ١٧)

المشاركة الجماعية

- اسأل الأعضاء: ما معنى اسمك؟ هل حلمت به في أحلامك؟
- قم بـ "صلاة التسمية" ـ إعلانًا نبويًا عن هوية كل شخص.
- ضع يديك على أولئك الذين يحتاجون إلى الانفصال عن الأسماء المرتبطة بالعهود أو العبودية الأجدادية.

الأدوات: طباعة بطاقات معاني الأسماء، إحضار زيت المسحة، واستخدام النصوص المقدسة لتغييرات الأسماء.

رؤية رئيسية

لا يمكنك السير في هويتك الحقيقية بينما لا تزال تجيب على هويتك الزائفة.

مجلة التأمل

- ماذا يعني اسمي روحيا وثقافيا؟
- هل أشعر بالانسجام مع اسمي أم بالتعارض معه؟
- ما هو الإسم الذي تناديني به السماء؟

صلاة إعادة التسمية

يا أبتِ، باسم يسوع، أشكرك لأنك منحتني هوية جديدة في المسيح. أكسر كل لعنة، أو عهد، أو قيد شيطاني مرتبط باسمي. أتبرأ من كل اسم لا يتوافق مع مشيئتك. أتلقى الاسم والهوية اللذين منحتني إياهما السماء ـ مليئين بالقوة والهدف، والنقاء. باسم يسوع، آمين.

اليوم الثامن: كشف النور الكاذب ـ فخاخ العصر الجديد والخداع الملائكي

«ولا عجب! لأن الشيطان نفسه يُغيّر شكله إلى ملاك نور.» ـــ كورنثوس الثانية ١١:١٤

«أيها الأحباء، لا تُصدّقوا كل روح، بل امتحنوا الأرواح لتعرفوا هل هي من الله...» ـــ يوحنا الأولى ٤:١

ليس كل ما يضيء هو الله.

"في عالمنا اليوم، يتزايد عدد الناس الذين يبحثون عن "النور" و"الشفاء" و"الطاقة" خارج نطاق كلمة الله. يلجؤون إلى التأمل، ومذابح اليوغا، وتنشيط العين الثالثة، واستدعاء الأسلاف، وقراءة التاروت، وطقوس القمر، والتواصل مع الملائكة، وحتى التصوف الذي يبدو مسيحيًا. يكمن الخداع في أنه غالبًا ما يصاحبه السلام والجمال والقوة ـ في البداية.

لكن وراء هذه الحركات توجد أرواح العرافة والنبوءات الكاذبة والآلهة القديمة التي ترتدي قناع النور للحصول على إمكانية الوصول القانوني إلى أرواح الناس.

الانتشار العالمي للضوء الكاذب

- **أمريكا الشمالية** ـ البلورات، تطهير المريمية، قانون الجذب، علماء النفس، رموز الضوء الغريبة.
- **أوروبا** ـ إعادة تسمية الوثنية، وعبادة الآلهة، والسحر الأبيض، والمهرجانات الروحية.
- **أمريكا اللاتينية** ـ السانتيريا الممزوجة بالقديسين الكاثوليك والمعالجين الروحانيين (الكورانديروس).
- **أفريقيا** ـ تزييفات نبوية باستخدام مذابح الملائكة ومياه الطقوس.
- **آسيا** ـ الشاكرات، "تنوير" اليوغا، استشارة التناسخ، أرواح المعبد.

قد تقدم هذه الممارسات "نورًا" مؤقتًا، لكنها تُظلم الروح بمرور الوقت.

الشهادة: التحرر من النور الذي خدع

منذ "مآثر عظيمة ١٤"، كانت ميرسي (المملكة المتحدة) تحضر ورش عمل للملائكة وتمارس التأمل "المسيحي" باستخدام البخور والبلورات وبطاقات الملائكة. كانت تعتقد أنها تستمد نور الله منها، لكنها سرعان ما بدأت تسمع أصواتًا أثناء نومها وتشعر بخوف غامض في الليل.

بدأ تحررها عندما أهداها أحدهم كتاب "تبادل جيمس"، فأدركت أوجه التشابه بين تجربتها وتجربة شيطان سابق تحدث عن خداع الملائكة. تابت، ودمرت جميع الأشياء الخفية، وخضعت لصلوات التحرر الكاملة.

واليوم، تشهد بجرأة ضد خداع العصر الجديد في الكنائس، وساعدت آخرين على التخلي عن مسارات مماثلة.

خطة العمل – اختبار الأرواح

1. **قم بجرد ممارساتك ومعتقداتك** - هل تتوافق مع الكتاب المقدس أم أنها تشعر أنها روحية فقط؟
2. **التخلي عن وتدمير** جميع المواد ذات الضوء الكاذب: البلورات، كتيبات اليوغا، بطاقات الملائكة، مصائد الأحلام، وما إلى ذلك.
3. **صلي المزمور 119: 105** - اطلب من الله أن يجعل كلمته نورك الوحيد.
4. **أعلن الحرب على الارتباك** - اربط الأرواح المألوفة والوحي الكاذب.

تطبيق المجموعة

- **ناقش**: هل انجذبت أنت أو أحد معارفك إلى ممارسات "روحية" لا تركز على يسوع؟
- **لعب الأدوار: التمييز**: اقرأ مقتطفات من الأقوال "الروحية" (على سبيل المثال، "ثق بالكون") وقارنها بالكتاب المقدس.

65

- **جلسة المسحة والتحرير** : كسر المذابح للنور الكاذب واستبدالها بالعهد لنور العالم (يوحنا 8: 12).

أدوات الوزارة :

- احضر معك عناصر العصر الجديد الفعلية (أو صورًا لها) للتدريس عن طريق الأشياء.
- تقديم صلاة التحرر من الأرواح المألوفة (أنظر أعمال الرسل 16 :16-18).

رؤية رئيسية

إن أخطر سلاح للشيطان ليس الظلام، بل النور المزيف.

مجلة التأمل

- هل فتحت أبوابًا روحية من خلال تعاليم "النور" غير المتجذرة في الكتاب المقدس؟
- هل أثق في الروح القدس أم في الحدس والطاقة؟
- هل أنا على استعداد للتخلي عن كل أشكال الروحانية الزائفة من أجل حقيقة الله؟

صلاة التخلي

يا أبتي ، أتوب عن كل طريقةٍ انغمستُ فيها في النور الكاذب. أنبذُ جميع أشكال العصر الجديد، والسحر، والروحانيات الخادعة. أقطع كل صلةٍ بين الروح والمخادعين الملائكيين، والمرشدين الروحيين، والوحي الكاذب. أقبلُ يسوع، نور العالم الحقيقي. أُعلن أنني لن أتبع سوى صوتك، باسم يسوع. آمين.

اليوم التاسع :مذبح الدم - عهود تتطلب حياة

وبنوا مرتفعات البعل... ليُمرِّروا بنيهم وبناتهم في النار لمولك." — إرميا" 32: 35
وغلبوه بدم الخروف وبكلمة شهادتهم..." — رؤيا 12: 11"

هناك مذابح لا تطلب اهتمامك فحسب، بل تطلب دمك أيضًا.

منذ العصور القديمة وحتى يومنا هذا، كانت عهود الدم ممارسةً أساسيةً في مملكة الظلام. يُعقد بعضها عن علمٍ من خلال السحر، أو الإجهاض، أو القتل الطقسي، أو طقوس البدء في السحر. بينما يُورث بعضها الآخر من خلال ممارسات الأجداد، أو يُنضم إليه عن غير علمٍ بسبب الجهل الروحي.

أينما يتم سفك دماء الأبرياء - سواء في الأضرحة أو غرف النوم أو قاعات الاجتماعات - يتحدث مذبح شيطاني.
هذه المذابح تودي بحياة الناس، وتختصر مصائرهم، وتخلق أرضية قانونية للعذاب الشيطاني.

مذابح الدم العالمية

- **أفريقيا** - عمليات القتل الطقسية، طقوس المال، التضحية بالأطفال، مواثيق الدم عند الولادة.
- **آسيا** - قرابين الدم في الهيكل، لعنات عائلية من خلال الإجهاض أو قسم الحرب.
- **أمريكا اللاتينية** - السانتيريا: تضحيات حيوانية، وقرابين دموية لأرواح الموتى.
- **أمريكا الشمالية** - أيديولوجية الإجهاض باعتباره سرًا مقدسًا، وجمعيات الأخويات التي تقسم قسم الدم الشيطاني.
- **أوروبا** - طقوس الدرويد والماسونية القديمة، ومذابح سفك الدماء في عصر الحرب العالمية الثانية لا تزال غير قابلة للتوبة.

وتستمر هذه العهود، ما لم يتم كسرها، في حصد الأرواح، في كثير من الأحيان في دورات.

قصة حقيقية: تضحية الأب

في رواية "التحرر من قوى الظلام" ، اكتشفت امرأة من وسط أفريقيا خلال جلسة تحرر أن حوادثها المتكررة مع الموت كانت مرتبطة بقسم دم قطعه والدها، فقد وعدها بالحياة مقابل الثروة بعد سنوات من العقم.
بعد وفاة والدها، بدأت ترى ظلالًا وتتعرض لحوادث كادت أن تُودي بحياتها كل عام في عيد ميلادها. وجاءت انطلاقتها عندما دُفعت لتُردد المزمور ١١٨:١٧ - "لن أموت بل أحيا..." - على نفسها يوميًا، متبوعةً بسلسلة من صلوات التخلي والصوم. واليوم، تقود خدمة شفاعة قوية.
تقرير آخر من "مآثر عظيمة ١٤" رجلاً في أمريكا اللاتينية شارك في طقوس تبشيرية لعصابة تضمنت سفك دماء. بعد سنوات، وحتى بعد قبوله المسيح، عاش في اضطراب دائم - حتى نقض عهد الدم بصوم طويل واعتراف علني، ومعمودية بالماء. توقف العذاب.

خطة العمل – إسكات مذابح الدم

1. **التوبة** عن أي إجهاض، أو ميثاق دم غامض، أو سفك دماء موروث.
2. **التخلي عن** كل عهود الدم المعروفة وغير المعروفة بصوت عالٍ وبالاسم.
3. **صوم لمدة ثلاثة أيام** مع تناول القربان المقدس يوميًا، معلنًا أن دم يسوع هو الغطاء الشرعي لك.
4. **أعلن بصوت عال**:
بدم يسوع، أُبطل كل عهد دمٍ قُطع من أجلي. لقد افتُديتُ!

تطبيق المجموعة

- ناقش الفرق بين روابط الدم الطبيعية وعهد الدم الشيطاني.
- استخدم شريطًا/خيطًا أحمر لتمثيل مذابح الدم، والمقص لقطعها بشكل نبوي.
- ادعُ إلى شهادة من شخص تحرر من عبودية الدم.

أدوات الوزارة:

- عناصر الشركة
- زيت المسحة
- إعلانات التحرير
- صورة توضيحية لكسر المذبح على ضوء الشموع إذا أمكن

رؤية رئيسية

الشيطان يتاجر بالدم. دفع يسوع ثمن حريتك بثمن حريته.

مجلة التأمل

- هل شاركت أنا أو عائلتي في أي شيء يتضمن سفك الدماء أو القسم؟
- هل هناك وفيات متكررة، أو إجهاضات، أو أنماط عنيفة في سلالتي؟
- هل وثقت تمامًا بدم يسوع ليتحدث بصوت أعلى عن حياتي؟

صلاة الخلاص

يا رب يسوع ، أشكرك على دمك الثمين الذي يُنطق بكلماتٍ أفضل من دم هابيل. أتوب عن أي عهد دمٍ قطعته أنا أو أجدادي، بعلمٍ أو بغير علم. أنكرها الآن. أعلن أنني مُغطى بدم الحمل. فليُسكت ويُحطم كل مذبحٍ شيطانيٍّ يطالب بحياتي. أحيا لأنك مُتَّ من أجلي. باسم يسوع، آمين.

اليوم العاشر :العقم والانكسار - عندما يصبح الرحم ساحة معركة

لا يُسقط أحد ولا يكون عاقرًا في أرضك. سأُكمل عدد أيامك. - خروج ٢٣:٢٦.
يُعطي العاقر بيتًا، ويجعلها أمًا سعيدة. سبحوا الرب!" - مزمور ٩:١١٣"

العقم أكثر من مجرد مشكلة طبية، بل قد يكون حصنًا روحيًا متجذرًا في صراعات عاطفية، وخلافات عائلية، وحتى إقليمية.

في جميع أنحاء العالم، يستغل العدو العقم لتشويه سمعة النساء والأسر وعزلهن وتدميرهن. وبينما تكون بعض الأسباب فسيولوجية، فإن الكثير منها روحيٌّ بحت - مرتبطٌ بمذابح الأجيال، أو اللعنات، أو الأزواج الروحانيين، أو المصائر المُجهضة، أو جروح الروح.

وراء كل رحم غير مثمر، ثمة وعدٌ بالجنة. ولكن غالبًا ما تكون هناك معركةٌ يجب خوضها قبل الحمل - في الرحم وفي الروح.

أنماط العقم العالمية

- **أفريقيا** - مرتبطة بالتعدد الزوجي، واللعنات الوراثية، وعهود الأضرحة، والأطفال الروحيين.
- **آسيا** - معتقدات الكارما، وعهود الحياة الماضية، واللعنات المتوارثة، وثقافة العار.
- **أمريكا اللاتينية** - إغلاق الرحم بسبب السحر ونوبات الحسد.
- **أوروبا** - الإفراط في الاعتماد على التلقيح الصناعي، والتضحية بالأطفال على طريقة الماسونية، والشعور بالذنب بسبب الإجهاض.
- **أمريكا الشمالية** - الصدمات العاطفية، جروح الروح، دورات الإجهاض، الأدوية التي تغير الهرمونات.

قصص حقيقية – من الدموع إلى الشهادات

ماريا من بوليفيا (أمريكا اللاتينية)

عانت ماريا من خمس حالات إجهاض. في كل مرة، كانت تحلم بحمل طفل يبكي، ثم ترى دمًا في صباح اليوم التالي. عجز الأطباء عن تفسير حالتها. بعد قراءة شهادة في كتاب "مآثر عظيمة "، أدركت أنها ورثت مذبحًا عائليًا للعقم من جدّة كرّست جميع أرحام الإناث لإله محلي.
صامت وألقت المزمور ١١٣ لمدة أربعة عشر يومًا. قادها راعيها إلى نقض العهد بالتناول. وبعد تسعة أشهر، أنجبت توأمين.

نغوزي من نيجيريا (أفريقيا).

تزوجت نغوزي لعشر سنوات دون أن تُرزق بطفل. خلال صلوات التحرر، كُشف أنها تزوجت في عالم الأرواح من رجل بحري. في كل دورة إباضة، كانت ترى أحلامًا جنسية. بعد سلسلة من صلوات الحرب في منتصف الليل وفعل نبوي بحرق خاتم زواجها من طقوس باطنية سابقة، انفتح رحمها.

خطة العمل – فتح الرحم

1. **حدد الجذر** - أسلاف، عاطفي، زوجي، أو طبي.
2. **التوبة عن عمليات الإجهاض الماضية** ، وروابط الروح، والخطايا الجنسية، والتكريسات الغامضة.
3. **ادهني رحمك يوميا** مع إعلان خروج 23: 26 والمزمور 113.
4. **صومي ثلاثة أيام** ، وتناولي القربان المقدس يومياً، رافضة كل المذابح المرتبطة برحمك.
5. **تحدث بصوت عال** :

رحمي مبارك. أرفض كل عهد عقم. سأحمل وأُكمل حملي بقوة الروح القدس!

تطبيق المجموعة

- ادعُ النساء (والأزواج) لتقاسم أعباء التأخير في مكان آمن مليء بالصلاة.
- استخدمي أوشحة حمراء أو قطعة قماش مربوطة حول الخصر - ثم فكها نبويًا كعلامة على الحرية.
- قيادة حفل "التسمية" النبوية - إعلان الأطفال الذين لم يولدوا بعد بالإيمان.
- كسر اللعنات الكلامية، والعار الثقافي، وكراهية الذات في دوائر الصلاة.

أدوات الوزارة:

- زيت الزيتون (دهن الأرحام)
- التناول
- العباءات/الشالات (ترمز إلى التغطية والحداثة)

رؤية رئيسية

العقم ليس النهاية، بل هو دعوة للحرب والإيمان والإصلاح. تأخير الله ليس إنكارًا.

مجلة التأمل

- ما هي الجروح العاطفية أو الروحية المرتبطة برحمي؟
- هل سمحت للعار أو المرارة أن تحل محل أملي؟
- هل أنا مستعد لمواجهة الأسباب الجذرية بالإيمان والعمل؟

صلاة الشفاء والحمل

يا أبتِ ، أؤمن بكلامك الذي يقول: لا عاقر في الأرض. أرفض كل كذبة، وكل مذبح، وكل روح مُخصصةٍ لعرقلة خصبِي. أغفر لنفسي وللآخرين الذين تكلموا بالسوء على جسدي. أنال الشفاء، والشفاء، والحياة. أُعلن رحمي مُثمرًا، وفرحي مُكتملًا. باسم يسوع. آمين.

اليوم الحادي عشر: اضطرابات المناعة الذاتية والإرهاق المزمن - الحرب الخفية في الداخل

"البيت المنقسم على ذاته لا يثبت." — متى ١٢:٢٥
"يعطي القوة للضعيف، ويزيد القوة لمن لا قوة له." — إشعياء ٤٠:٢٩

أمراض المناعة الذاتية هي عندما يهاجم الجسم نفسه، مخطئًا في اعتبار خلاياه أعداءً. وتشمل هذه المجموعة الذئبة، والتهاب المفاصل الروماتويدي، والتصلب اللويحي، وداء هاشيموتو، وغيرها.

والألم العضلي الليفي، (CFS) غالبًا ما تتداخل متلازمة التعب المزمن وغيرها من اضطرابات الإرهاق غير المبررة، مع اضطرابات المناعة الذاتية. ولكن إلى جانب العوامل البيولوجية، يعاني الكثيرون ممن يعانون من هذه الاضطرابات من صدمات عاطفية، وجروح نفسية، وأعباء روحية.

الجسد يصرخ، ليس طلبًا للدواء فحسب، بل للسلام أيضًا. كثيرون في حالة حرب داخلية.

لمحة عالمية

- **أفريقيا** - تزايد تشخيصات الأمراض المناعية الذاتية المرتبطة بالصدمات والتلوث والتوتر.
- **آسيا** - ارتفاع معدلات اضطرابات الغدة الدرقية مرتبط بالقمع الموروث وثقافة العار.
- **أوروبا وأمريكا** - وباء التعب المزمن والإرهاق الناجم عن ثقافة الأداء.
- **أمريكا اللاتينية** - يعاني المرضى في كثير من الأحيان من تشخيص خاطئ؛ وصمة العار والهجمات الروحية من خلال تجزئة الروح أو اللعنات.

الجذور الروحية الخفية

- **"كراهية الذات أو الخجل** - الشعور بأنك "ليس جيدًا بما فيه الكفاية".

- **عدم التسامح مع الذات أو الآخرين** - حيث يحاكي الجهاز المناعي الحالة الروحية.
- **الحزن غير المعالج أو الخيانة** - يفتح الباب لإرهاق الروح والانهيار الجسدي.
- **سهام السحر أو الغيرة** - تستخدم لاستنزاف القوة الروحية والجسدية.

قصص حقيقية – معارك خاضت في الظلام

إيلينا من إسبانيا.
شُخِّصت إيلينا بمرض الذئبة بعد علاقة مسيئة طويلة خلّفت لديها انهيارًا عاطفيًا. خلال جلسات العلاج والصلاة، تبيّن أنها كانت تحتضن الكراهية معتقدةً أنها بلا قيمة. عندما بدأت تسامح نفسها وتواجه جروح روحها بالكتاب المقدس، خفت حدة نوباتها بشكل كبير. تشهد إيلينا على قوة الشفاء بالكلمة وتطهير الروح.

جيمس من الولايات المتحدة

جيمس، المدير التنفيذي الطموح، انهار بسبب متلازمة التعب المزمن بعد عشرين عامًا من التوتر المتواصل. خلال فترة التحرر، انكشف أن لعنة الكفاح المستمر التي ابتليت بها عائلته استمرت لأجيال. دخل فترة راحة وصلاة واعتراف، ووجد استعادة ليس فقط لصحته، بل لهويته أيضًا.

خطة العمل – شفاء الروح والجهاز المناعي

1. **صلِّ المزمور 103: 1-5** بصوت عالٍ كل صباح - وخاصة الآيات 3-5.
2. **دوّن معتقداتك الداخلية** - ماذا تقول لنفسك؟ تخلص من الأكاذيب.
3. **سامح بعمق** - وخاصة نفسك.
4. **تناول القربان المقدس** لإعادة ضبط العهد الجسدي - راجع إشعياء 53.
5. **الراحة في الله** - السبت ليس اختياريًا، بل هو حرب روحية ضد الإرهاق.

أُعلن أن جسدي ليس عدوي. كل خلية فيّ ستتماشى مع النظام الإلهي والسلام. أتلقى قوة الله وشفائه.

تطبيق المجموعة

- اطلب من الأعضاء مشاركة أنماط التعب أو الإرهاق العاطفي الذي يخفونه
- قم بتمرين "التخلص من الروح" ـ اكتب الأعباء، ثم أحرقها أو ادفنها بشكل رمزي.
- ضع يديك على أولئك الذين يعانون من أعراض المناعة الذاتية؛ وتحكم بالتوازن والسلام.
- شجع كتابة مذكرات لمدة سبعة أيام حول المحفزات العاطفية والآيات الكتابية الشافية.

أدوات الوزارة:
- الزيوت العطرية أو الدهن العطري للانتعاش
- المجلات أو دفاتر الملاحظات
- موسيقى تصويرية للتأمل في المزمور 23

رؤية رئيسية
ما يُصيب الروح غالبًا ما يتجلى في الجسد. الشفاء يجب أن ينبع من الداخل إلى الخارج.

مجلة التأمل
- هل أشعر بالأمان في جسدي وأفكاري؟
- هل أحمل العار أو اللوم بسبب إخفاقاتي أو صدماتي الماضية؟
- ماذا يمكنني أن أفعل للبدء في تكريم الراحة والسلام كممارسات روحية؟

صلاة الاستعادة
يا رب يسوع، أنت شافيّ. اليوم أرفض كل كذبة تُوهمني بأنني مكسور أو قذر أو هالك. أغفر لنفسي وللآخرين. أبارك كل خلية في جسدي. أشعر بالسلام في روحي، ويستقر جهازي المناعي بجراحك، شُفيت. آمين.

ـ اليوم الثاني عشر :الصرع والعذاب العقلي
عندما يصبح العقل ساحة معركة

،يا رب، ارحم ابني، فهو مجنون ومضطرب للغاية، لأنه يسقط كثيرًا في النار وكثيرًا في الماء. — متى ١٧: ١٥
لم يُعطِنا الله روح الخوف، بل روح القوة والمحبة والعقل السليم.» — ٢» تيموثاوس ١: ٧
بعض الأمراض ليست طبية فحسب، بل هي ساحات معارك روحية متخفية في صورة مرض.
غالبًا ما تكون للصرع، والنوبات، والفصام، ونوبات الاضطراب ثنائي ،القطب، وأنماط العذاب النفسي جذورٌ خفية. وبينما للأدوية دورٌ في ذلك فإنّ الفطنة أمرٌ بالغ الأهمية. ففي العديد من الروايات التوراتية، كانت النوبات والهجمات العقلية نتيجةً لاضطهادٍ شيطاني.
المجتمع الحديث يعالج ما طرده يسوع في كثير من الأحيان .

الواقع العالمي

- **أفريقيا** ـ النوبات التي تعزى في كثير من الأحيان إلى اللعنات أو الأرواح السلفية.
- **آسيا** ـ غالبًا ما يتم إخفاء المصابين بالصرع بسبب الخجل والوصمة الروحية.
- **أمريكا اللاتينية** ـ الفصام مرتبط بالسحر الجيلي أو الدعوات المجهضة.
- **أوروبا وأميركا الشمالية** ـ الإفراط في التشخيص والإفراط في تناول الأدوية غالبا ما يخفي الأسباب الجذرية الشيطانية.

قصص حقيقية – الخلاص من النار

موسى من شمال نيجيريا

كان موسى يُصاب بنوبات صرع منذ صغره. حاولت عائلته كل شيء، من أطباء محليين إلى صلوات الكنيسة. في أحد الأيام، أثناء صلاة خلاص، كشف الروح القدس أن جد موسى قد عرض عليه بيعه في صفقة سحر. بعد أن نقض العهد ومسحه بالزيت، لم يُصب بنوبة أخرى.

دانيال من بيرو

شُخِّص دانيال باضطراب ثنائي القطب، وعانى من أحلامٍ وأصواتٍ مزعجة. اكتشف لاحقًا أن والده كان متورطًا في طقوسٍ شيطانية سرية في الجبال. لكن صلوات التحرير وصيامًا لمدة ثلاثة أيام أعادا إليه صفاءه، فتوقفت الأصوات. اليوم، دانيال هادئٌ، مُستعادٌ عافيته، ويستعد للخدمة.

علامات يجب مراقبتها

- نوبات متكررة من النوبات دون سبب عصبي معروف.
- الأصوات والهلوسة والأفكار العنيفة أو الانتحارية.
- فقدان الوقت أو الذاكرة، أو الخوف غير المبرر، أو النوبات الجسدية أثناء الصلاة.
- أنماط عائلية من الجنون أو الانتحار.

خطة العمل – السيطرة على العقل

1. **التوبة من كل الروابط الغامضة المعروفة، والصدمات، أو اللعنات.**
2. **ضع يديك على رأسك يومياً، معلناً العقل السليم (2 تيموثاوس 1: 7).**
3. **صوموا وصلّوا على الأرواح التي تربط العقل.**
4. **كسر قسم الأجداد، أو الإهداءات، أو لعنات السلالة.**
5. **إذا كان ذلك ممكنا، انضم إلى شريك صلاة قوي أو فريق تحرير.**

أرفض كل روح عذاب أو ضيق أو اضطراب. أنال عقلًا سليمًا ومشاعر مستقرة باسم يسوع.

الخدمة الجماعية والتطبيق

- تحديد أنماط الأسرة من المرض العقلي أو النوبات.
- صلي من أجل هؤلاء الذين يعانون ـ استخدم زيت المسحة على الجبهة.

- اهدأ ،"السلام" إطلب من الشفعاء أن يتجولوا في الغرفة ويصرخوا!" (مرقس 4: 39)
- ادعُ المتضررين إلى نقض الاتفاقات الشفهية: "أنا لستُ مجنونًا. أنا مُعافى وسليم".

أدوات الوزارة:

- زيت المسحة
- بطاقات إعلان الشفاء
- موسيقى العبادة التي تخدم السلام والهوية

رؤية رئيسية

ليست كلُّ بلاءٍ جسديًا فحسب، فبعضُها مُتجذِّرٌ في عهودٍ قديمةٍ وأسبابٍ قانونيةٍ شيطانيةٍ يجبُ مُعالجتُها روحيًا.

مجلة التأمل

- هل تعرضت للتعذيب في أفكاري أو نومي من قبل؟
- هل هناك صدمات غير ملتئمة أو أبواب روحية أحتاج إلى إغلاقها؟
- ما هي الحقيقة التي أستطيع أن أعلنها يومياً لأثبت ذهني في كلمة الله؟

دعاء السلامة

يا رب يسوع ، أنت مُجدِّد عقلي. أُبْرِئُ كُلَّ عَهْدٍ، أَوْ صدمَةٍ، أَوْ رُوح شَيْطَانِيَّةٍ تُهْجِمُ عَقْلِي، أَوْ مَشاعرِي، أَوْ صَفَاءَةِ نَفْسِي. أُنْشِئُ شِفَاءً وَذِهْنَةً سَلِيمَةً. أُقَرِّرُ أَنِّي سَأَحْيَا فَلاَ أَمُوتُ. سَأَعْمَلُ بِكُلِّ قُوَّتِي، بِاسْمِ يَسُوعَ. آمين.

اليوم الثالث عشر :روح الخوف - كسر قفص العذاب الخفي

لأن الله لم يعطنا روح الخوف، بل روح القوة والمحبة والنصح." — 2"
تيموثاوس 1: 7
الخوف يعذب..." — 1 يوحنا 4: 18"

. الخوف ليس مجرد شعور، بل قد يكون روحًا
.يُوحي بالفشل قبل البدء. يُضخّم الرفض. يُعطّل الهدف. يُشلّ الأمم
،يعيش الكثيرون في سجون غير مرئية مبنية على الخوف: الخوف من الموت
.والفشل، والفقر، والناس، والمرض، والحرب الروحية، والمجهول
خلف العديد من نوبات القلق واضطرابات الهلع والرهاب غير العقلاني تكمن
. مهمة روحية أُرسلت **لتحييد المصائر**

المظاهر العالمية

- **أفريقيا** - الخوف المتأصل في اللعنات المتوارثة، أو الانتقام من الأجداد، أو ردود الفعل العنيفة بسبب السحر.
- **آسيا** - العار الثقافي، والخوف الكرمي، والقلق من التناسخ.
- **أمريكا اللاتينية** - الخوف من اللعنات، وأساطير القرية، والانتقام الروحي.
- **أوروبا وأمريكا الشمالية** - القلق الخفي، والاضطرابات التشخيصية، والخوف من المواجهة، أو النجاح، أو الرفض - غالبًا ما تكون روحية ولكنها مصنفة على أنها نفسية.

قصص حقيقية – كشف الروح
سارة من كندا

لسنوات، لم تستطع سارة النوم في الظلام. كانت تشعر دائمًا بوجود شيء ما في الغرفة. شخّص الأطباء حالتها بالقلق، لكن لم يُجدِ أي علاج نفعًا. خلال جلسة تحرر عبر الإنترنت، تبيّن أن خوفًا طفوليًا فتح لها بابًا لروح مُعذِّبة من خلال كابوس وفيلم رعب. تابت، ونبذت الخوف، وأمرت الروح بالرحيل.
.وهي الآن تنام بسلام

أوتشي من نيجيريا

دُعي أوتشي للوعظ، لكنه كان يتجمد في مكانه كلما وقف أمام الناس. كان الخوف غير طبيعي، خانقًا، مُشلًا. في صلاته، أراه الله لعنةً لفظها مُعلّمٌ ،سخر من صوته في صغره. شكّلت هذه الكلمة سلسلةً روحية. ما إن انكسرت حتى بدأ بالوعظ بجرأة.

خطة العمل – التغلب على الخوف

1. **اعترف بأي خوف بالاسم** [______] : "أنا أتخلى عن الخوف من [______] باسم يسوع".
2. **.اقرأ بصوت عالٍ المزمور 27 وإشعياء 41 يوميا**
3. **.العبادة حتى يحل السلام محل الذعر**
4. **،صوم عن وسائل الإعلام المبنية على الخوف - أفلام الرعب والأخبار، والقيل والقال.**
5. **أعلن يوميًا** : "أنا سليم العقل. أنا لست عبدًا للخوف".

تطبيق جماعي – اختراق مجتمعي

- اسأل أعضاء المجموعة: ما هو الخوف الذي أصابك بالشلل أكثر؟
- انقسم إلى مجموعات صغيرة وقُد صلوات **التخلي** والاستبدال (على سبيل المثال ، الخوف ← الجرأة، والقلق ← الثقة).
- .اطلب من كل شخص أن يكتب خوفه ويحرقه كعمل نبوي
- استخدموا زيت المسحة واعترافات الكتاب المقدس فوق بعضكم البعض.

:أدوات الوزارة

- زيت المسحة
- بطاقات إعلان الكتاب المقدس
- ترنيمة عبادة: "لم نعد عبيدًا" من فرقة بيثيل

رؤية رئيسية

. الخوف المُتحمَّل هو **إيمانٌ مُلوَّث**

.لا يُمكنك أن تكون جريئًا وخائفًا في آنٍ واحد، بل اختر الجرأة

مجلة التأمل

- ما هو الخوف الذي ظل معي منذ الطفولة؟

- كيف أثر الخوف على قراراتي أو صحتي أو علاقاتي؟
- ماذا كنت سأفعل بشكل مختلف لو كنت حرا تماما؟

صلاة التحرر من الخوف

يا أبتِ ، إني أتخلى عن روح الخوف. أُغلق كل بابٍ يُفتح بالصدمات أو الكلمات أو الخطايا التي تُدخل الخوف. أُقبل روح القوة والمحبة والعقل السليم. أُعلن الجرأة والسلام والنصر باسم يسوع. لم يعد للخوف مكانٌ في حياتي. آمين.

اليوم الرابع عشر :العلامات الشيطانية - محو العلامة غير المقدسة

— ".لا يُزعجني أحدٌ بعد الآن، لأني أحمل في جسدي علامات الرب يسوع"
غلاطية 6: 17
ويضعون اسمي على بني إسرائيل، وأباركهم." — عدد 6: 27"

.تحديدها بصمت في العالم الروحي - ليس من قبل الله، ولكن من قبل العدو
قد تظهر هذه العلامات الشيطانية على شكل علامات جسدية غريبة، أو أحلام
.وشم أو وسم، أو إساءة معاملة مؤلمة، أو طقوس دموية، أو مذابح موروثة
بعضها غير مرئي - لا يُدرك إلا من خلال الحساسية الروحية - بينما يظهر
،بعضها الآخر على شكل علامات جسدية، أو وشم شيطاني، أو وسم روحي
.أو أمراض مزمنة

:عندما يتم وضع علامة على شخص ما من قبل العدو، فإنه قد يواجه

- .الرفض المستمر والكراهية بلا سبب
- .هجمات وعوائق روحية متكررة
- .الموت المبكر أو الأزمات الصحية في أعمار معينة
- .يتم تعقبه في الروح - مرئيًا دائمًا للظلام

تعمل هذه العلامات كعلامات قانونية ، مما يمنح الأرواح المظلمة الإذن
.بالتعذيب أو التأخير أو المراقبة
. لكن دم يسوع **يطهر** ويجدد

التعبيرات العالمية

- .**أفريقيا** - العلامات القبلية، الجروح الطقسية، ندوب البدء الغامضة
- .**آسيا** - الأختام الروحية، والرموز السلفية، والعلامات الكرمية
- ،**أمريكا اللاتينية** - علامات البدء في ممارسة السحر (بروجيريا)
.وهي علامات الولادة المستخدمة في الطقوس
- **أوروبا** - شعارات الماسونية، والوشوم التي تستحضر المرشدين
.الروحيين
- ،**أمريكا الشمالية** - رموز العصر الجديد، وشم إساءة الطقوس
.والعلامات الشيطانية من خلال العهود الغامضة

قصص حقيقية – قوة إعادة صياغة العلامة التجارية

ديفيد من أوغندا

واجه داود الرفض باستمرار. لم يستطع أحد تفسير السبب، رغم موهبته. أثناء روحية على جبهته - علامة من طقوس "X" صلاته، رأى أحد الأنبياء علامة طفولية قام بها كاهن قرية. أثناء تحريره، مُحيت العلامة روحيًا بزيت المسحة وتصريحات دم يسوع. تغيرت حياته في غضون أسابيع - تزوج، وحصل على وظيفة، وأصبح قائدًا للشباب.

ساندرا من البرازيل

كان لدى ساندرا وشم تنين يعود إلى تمردها في سن المراهقة. بعد أن وهبت حياتها للمسيح، لاحظت نوبات روحية شديدة كلما صامَت أو صلَّت. أدرك قسُّها أن الوشم رمز شيطاني مرتبط بمراقبة الأرواح. بعد جلسة من التوبة والصلاة والشفاء الداخلي، أزالت الوشم وكسرت رباط الروح. توقفت كوابيسها على الفور.

خطة العمل – محو العلامة

1. **اطلب من الروح القدس** أن يكشف لك أي علامات روحية أو جسدية في حياتك.
2. **التوبة** عن أي تورط شخصي أو موروث في الطقوس التي سمحت لهم بذلك.
3. **ضع دم يسوع على جسدك** – الجبهة، اليدين، القدمين.
4. **كسر مراقبة الأرواح، وروابط الروح، والحقوق القانونية** المرتبطة بالعلامات (انظر الكتب المقدسة أدناه).
5. **قم بإزالة الوشوم الجسدية أو العناصر** (كما هو موضح) المرتبطة بالعهود المظلمة.

طلب جماعي – إعادة صياغة العلامة التجارية في المسيح

- اسأل أعضاء المجموعة: هل كان لديك علامة تجارية أو حلمت بالحصول على علامة تجارية؟
- قيادة صلاة **التطهير والتكريس** للمسيح.
- امسح جباهك بالزيت وأعلن: "أنت الآن تحمل علامة الرب يسوع المسيح".
- اكسر أرواح المراقبة وأعد صياغة هويتهم في المسيح.

:أدوات الوزارة

- زيت الزيتون (مبارك للمسح)
- مرآة أو قطعة قماش بيضاء (عملية غسل رمزية)
- التناول (ختم الهوية الجديدة)

رؤية رئيسية

.ما هو مميز في الروح **يظهر في الروح** - قم بإزالة ما استخدمه العدو لتمييزك

مجلة التأمل

- هل رأيت من قبل علامات أو كدمات أو رموز غريبة على جسدي دون تفسير؟
- هل هناك أشياء أو ثقب أو وشم أحتاج إلى التخلي عنها أو إزالتها؟
- هل قمت بإعادة تكريس جسدي بالكامل كمعبد للروح القدس؟

صلاة إعادة العلامة التجارية

يا رب يسوع ، إني أتخلى عن كل علامة وعهد وتكريس في جسدي أو روحي خارج إرادتك. بدمك، أمحو كل وصمة شيطانية. أُعلن أنني مُخصّص للمسيح وحده. فليكن ختم ملكيتك عليّ، وليُفقِد كل روح مُراقبة أثري الآن. لم .أعد مرئيًا للظلام. أسير حرًا - باسم يسوع، آمين

اليوم الخامس عشر :عالم المرآة - الهروب من سجن الانعكاسات

فإننا الآن ننظر في مرآة في لغز، ولكن حينئذ وجهاً لوجه..." — 1"
كورنثوس 13: 12
لهم عيون ولكنهم لا يبصرون، وآذان ولكنهم لا يسمعون..." — مزمور"
115: 5-6

هناك **عالمٌ من المرايا** في عالم الأرواح، مكانٌ للهويات المزيفة ، والتلاعب الروحي، والانعكاسات المظلمة. ما يراه الكثيرون في الأحلام أو الرؤى قد .يكون مرايا، ليست من الله، بل أدوات خداع من عالم الظلام

في عالم السحر، تُستخدم المرايا **لاحتجاز الأرواح** ، أو **مراقبة الأرواح** ، أو **نقل الشخصيات** . في بعض جلسات التحرر، يُبلغ الناس عن رؤية أنفسهم

يعيشون" في مكان آخر - داخل مرآة، أو على شاشة، أو خلف حجاب" :روحي. هذه ليست هلوسات، بل غالبًا ما تكون سجونًا شيطانية مصممة لـ

- تجزئة الروح
- تأخير القدر
- خلط الهوية
- استضافة خطوط زمنية روحية بديلة

الهدف؟ خلق نسخة زائفة منك تعيش تحت سيطرة شيطانية، بينما تعيش ذاتك الحقيقية في حيرة أو هزيمة.

التعبيرات العالمية

- **أفريقيا** - سحر المرآة يستخدمه السحرة للمراقبة أو الإيقاع أو الهجوم.
- **آسيا** - يستخدم الشامان أوعية من الماء أو الحجارة المصقولة لرؤية" واستدعاء الأرواح".
- **أوروبا** - طقوس المرآة السوداء، والسحر الأسود من خلال الانعكاسات.
- **أمريكا اللاتينية** - الرؤية من خلال المرايا البركانية في التقاليد الأزتكية.
- **أمريكا الشمالية** - بوابات المرآة في العصر الجديد، والتحديق في المرآة للسفر النجمي.

"شهادة - "الفتاة في المرآة
ماريا من الفلبين

حلمت ماريا بأنها عالقة في غرفة مليئة بالمرايا. في كل مرة تتقدم فيها في حياتها، كانت ترى نسخة من نفسها في المرآة تسحبها إلى الخلف. في إحدى ليالي التحرر، صرخت ووصفت رؤيتها لنفسها وهي "تخرج من المرآة" إلى ،الحرية. مسح قسيسها عينيها وقادها إلى نبذ التلاعب بالمرايا. منذ ذلك الحين تحوّلت صفاء ذهنها وحياتها العملية والعائلية.

ديفيد من اسكتلندا.

كان ديفيد، الذي كان غارقًا في تأمل العصر الجديد، يمارس "عمل الظلال المرآوية". بمرور الوقت، بدأ يسمع أصواتًا ويرى نفسه يفعل أشياءً لم يكن ينوي فعلها. بعد قبوله المسيح، كسر خادم التحرير قيود الروح المرآوية

وصلى على روحه. أفاد ديفيد أنه شعر وكأن ضبابًا قد انقشع لأول مرة منذ سنوات.

خطة العمل – كسر تعويذة المرآة

1. **التخلي عن** كل الارتباط المعروف أو غير المعروف بالمرايا المستخدمة روحيا.
2. **قم بتغطية جميع المرايا في منزلك** بقطعة قماش أثناء الصلاة أو الصيام (إذا كنت تقود).
3. **امسح عينيك وجبهتك** – أعلن الآن أنك ترى فقط ما يراه الله.
4. **استخدم الكتاب المقدس** لإعلان هويتك في المسيح، وليس في التأمل الزائف:
    - إشعياء 43:1
    - كورنثوس 5: 17 2
    - يوحنا 8: 36

طلب جماعي – استعادة الهوية

- سؤال: هل سبق لك أن حلمت بمرايا، أو أشخاص مزدوجين، أو أن أحداً يراقبك؟
- قيادة صلاة استعادة الهوية - إعلان الحرية من الإصدارات الزائفة للذات.
- ضع يديك على العينين (رمزيًا أو في الصلاة) وصلي من أجل وضوح البصر.
- استخدموا مرآةً في المجموعة لتعلنوا نبويًا: "أنا من قال الله إني هو لا شيء غير ذلك".

أدوات الوزارة:

- القماش الأبيض (رموز التغطية)
- زيت الزيتون للدهن
- دليل إعلان المرآة النبوية

رؤية رئيسية

يحب العدو تشويه الطريقة التي ترى بها نفسك - لأن هويتك هي نقطة وصولك إلى القدر.

مجلة التأمل
- هل صدقت الأكاذيب حول من أنا؟
- هل سبق لي أن شاركت في طقوس المرآة أو سمحت دون علمي بسحر المرآة؟
- ماذا يقول الله عني؟

صلاة التحرر من عالم المرآة

يا أبانا السماوي، إنني أكسر كل عهد مع عالم المرايا ـ كل انعكاس مظلم وازدواجية روحية، وخط زمني مزيف. أنكر كل الهويات الزائفة. أُعلن أنني أنا من تقول إني أنا. بدم يسوع، أخرج من سجن الانعكاسات إلى كمال غايتي من اليوم، أرى بعيون الروح ـ بحق ووضوح. باسم يسوع، آمين.

اليوم السادس عشر :كسر قيود لعنات الكلمات - استعادة اسمك ومستقبلك

الموت والحياة في يد اللسان..." - أمثال 18: 21"
"...كل سلاح صُوِّر ضدك لن ينجح، وكل لسان يقوم عليك في القضاء ستدينه"
إشعياء 54: 17 -

الكلمات ليست مجرد أصوات، بل هي **أوعية روحية** ، تحمل قوة البركة أو الترابط. كثير من الناس، دون وعي، يرزحون تحت **وطأة اللعنات التي ينطق بها** عليهم آباؤهم، أو معلموهم، أو قادتهم الروحيون، أو أحباؤهم السابقون، أو حتى أفواههم.

:لقد سمع البعض هذه العبارة من قبل

- ".لن تصل إلى أي شيء أبدًا"
- ".أنت تمامًا مثل والدك - عديم الفائدة"
- ".كل ما تلمسه يفشل"
- ".إذا لم أتمكن من الحصول عليك، فلن يتمكن أحد من ذلك"
- ".لقد ملعون... شاهد وشاهد"

كلمات كهذه، إذا نطقت بغضب أو كراهية أو خوف - وخاصةً من شخص ذي سلطة - قد تُصبح فخًا روحيًا. حتى اللعنات التي يُطلقها المرء على نفسه، مثل ليتني لم أولد" أو "لن أتزوج أبدًا"، قد تمنح العدو مبررًا قانونيًا".

التعبيرات العالمية

- **أفريقيا** - اللعنات القبلية، واللعنات الأبوية بسبب التمرد، ولعنات الأسواق.
- **آسيا** - إعلانات الكلمات المبنية على الكارما، والعهود العائلية التي تُلقى على الأطفال.
- **أمريكا اللاتينية** - لعنات "بروجيريا" (السحر) يتم تنشيطها بالكلام المنطوق.
- **أوروبا** - التعويذات المنطوقة، "النبوءات" العائلية التي تتحقق ذاتيًا.
- **أمريكا الشمالية** - الإساءة اللفظية، والترانيم الغامضة، وتأكيدات الكراهية الذاتية.

سواء تم الهمس بها أو الصراخ بها، فإن اللعنات التي يتم التحدث بها بالعاطفة والإيمان تحمل ثقلاً في الروح.

"شهادة - "عندما تكلمت أمي عن الموت

كيشا (جامايكا)

نشأت كيشا وهي تسمع والدتها تقول: "أنتِ سبب دمار حياتي". في كل عيد ميلاد، كان يحدث أمرٌ سيء. في الحادية والعشرين من عمرها، حاولت الانتحار، مقتنعةً بأن حياتها بلا قيمة. خلال مراسم تحرير، سألها الكاهن: "من نطق بالموت على حياتك؟" انهارت كيشا. بعد أن تخلّت عن الكلمات وتسامحت، شعرت أخيرًا بالفرح. الآن، تُعلّم الفتيات الصغيرات كيف يُنطقن بالحياة على أنفسهن.

أندريه (رومانيا)

قال معلم أندريه ذات مرة: "سينتهي بك الأمر في السجن أو الموت قبل بلوغك الخامسة والعشرين". طاردته هذه العبارة. انغمس في عالم الجريمة، وفي الرابعة والعشرين من عمره أُلقي القبض عليه. في السجن، التقى بالمسيح وأدرك اللعنة التي وافق عليها. كتب للمعلم رسالة غفران، ومزق كل كذبة قيلت عليه، وبدأ يُعلن وعود الله. وهو الآن يقود خدمة توعية في السجون.

خطة العمل – عكس اللعنة

1. اكتب العبارات السلبية التي قيلت فوقك - سواء من قبل الآخرين أو من نفسك.
2. في الصلاة، **تخلَّ عن كل كلمة لعنة** (قلها بصوت عالٍ).
3. **أعط المغفرة** للشخص الذي تكلم بها.
4. **تحدث بحق الله** على نفسك لتحل محل اللعنة بالبركة:
   - إرميا 29: 11
   - تثنية 28: 13
   - رومية 8: 37
   - المزمور 139: 14

تطبيق جماعي – قوة الكلمات

- اسأل: ما هي العبارات التي شكلت هويتك - جيدة أم سيئة؟
- في مجموعات، قم بكسر اللعنات بصوت عالٍ (بحساسية)، وتحدث بالبركات بدلاً من ذلك.
- استخدم بطاقات الكتاب المقدس - يقرأ كل شخص بصوت عالٍ ثلاث حقائق حول هويته.

- تطبيق مرسوم البركة لمدة 7 أيام على أنفسهم.

أدوات الوزارة:

- بطاقات تعليمية مع هوية الكتاب المقدس
- زيت الزيتون لمسح الأفواه (الكلام التقديسي)
- تصريحات المرآة - تحدث بالحقيقة على انعكاسك يوميًا

رؤية رئيسية

إذا تم النطق باللعنة، فيمكن كسرها - ويمكن النطق بكلمة حياة جديدة في مكانها.

مجلة التأمل

- من هي الكلمات التي شكلت هويتي؟
- هل لعنت نفسي بسبب الخوف أو الغضب أو الخجل؟
- ماذا يقول الله عن مستقبلي؟

صلاة لكسر لعنات الكلمات

يا رب يسوع، إني أرفض كل لعنةٍ وُجّهت إلى حياتي - من عائلتي، أصدقائي، معلميّ، أحبائي، وحتى نفسي. أغفر لكل صوتٍ أعلن الفشل، أو الرفض، أو الموت. أكسر قوة هذه الكلمات الآن، باسم يسوع. أنطق بالبركة، والفضل، والمصير على حياتي. أنا من تقول إني أنا - محبوب، مختار، معافى، وحر. باسم يسوع. آمين.

اليوم 17 :التحرر من السيطرة والتلاعب

السحر لا يقتصر دائمًا على الأردية والمراجل ـ في بعض الأحيان يكون"
".عبارة عن كلمات وعواطف ومقودات غير مرئية
".لأن التمرد كخطيئة السحر، والعناد كالإثم وعبادة الأصنام"
صموئيل 15: 23 1 —

لا يقتصر السحر على الأضرحة، بل غالبًا ما يخفي وراءه ابتسامةً ويتلاعب بالآخرين من خلال الشعور بالذنب أو التهديد أو الإطراء أو الخوف. يُشبّه الكتاب المقدس التمرد ـ وخاصةً التمرد الذي يُمارس سيطرةً غير إلهية على الآخرين ـ بالسحر. كلما استخدمنا الضغط العاطفي أو النفسي أو الروحي للسيطرة على إرادة الآخرين، فإننا نسير في منطقة خطرة.

المظاهر العالمية

- **أفريقيا** ـ الأمهات يلعنن أطفالهن بغضب، العشاق يربطون الآخرين من خلال "الجوجو" أو جرعات الحب، الزعماء الروحيون يرهبون الأتباع.
- **آسيا** ـ سيطرة المعلم الروحي على التلاميذ، والابتزاز الأبوي في الزيجات المرتبة، والتلاعب بحبال الطاقة.
- **أوروبا** ـ قسم الماسونية الذي يتحكم في سلوك الأجيال والشعور بالذنب الديني والهيمنة.
- **أمريكا اللاتينية** ـ استخدام السحر للحفاظ على الشركاء، والابتزاز العاطفي المتجذر في اللعنات العائلية.
- **أمريكا الشمالية** ـ الأبوة والأمومة النرجسية، والقيادة التلاعبية المتخفية تحت ستار "الغطاء الروحي"، والنبوءة القائمة على الخوف.

في كثير من الأحيان يهمس صوت السحر: "إذا لم تفعل هذا، فسوف ".تخسرني، أو تخسر رضا الله، أو تعاني
لكن الحب الحقيقي لا يتلاعب أبدًا. صوت الله دائمًا يجلب السلام والوضوح وحرية الاختيار.

قصة حقيقية ـ كسر القيود غير المرئية

غريس من كندا منخرطة بعمق في خدمة نبوية، حيث بدأ القائد يُملي عليها من تواعد، وأين تعيش، وحتى كيفية صلاتها. في البداية، شعرت أن الأمر روحاني، لكن مع مرور الوقت، شعرت وكأنها أسيرة آرائه. كلما حاولت اتخاذ قرار مستقل، قيل لها إنها "تتمرد على الله". بعد انهيار عصبي وقراءة مآثر عظيمة" 14 ، أدركت أن هذا سحر كاريزمي - سيطرة متنكرة في " صورة نبوءة.

تخلّت غريس عن ارتباطها الروحي بزعيمها الروحي، وتابت عن موافقتها على التلاعب، وانضمت إلى جمعية محلية للشفاء. اليوم، هي في كامل قواها العقلية وتساعد الآخرين على التخلص من الإساءة الدينية.

خطة العمل - تمييز السحر في العلاقات

1. اسأل نفسك: هل أشعر بالحرية حول هذا الشخص، أم أنني خائف من خذلانه؟
2. قم بإدراج العلاقات التي يتم فيها استخدام الشعور بالذنب أو التهديد أو الإطراء كأدوات للسيطرة.
3. تخلى عن كل رابط عاطفي أو روحي أو روحي يجعلك تشعر بالسيطرة أو عدم القدرة على الصوت.
4. صلي بصوت عالٍ لكسر كل القيود التلاعبية في حياتك.

أدوات الكتاب المقدس

- **صموئيل 15: 23** – التمرد والسحر **1**
- "**.غلاطية 5: 1** – "اثبتوا... لا تثقلوا أيضًا بنير العبودية
- **".كورنثوس 3: 17** – "حيث يكون روح الرب، هناك حرية **2**
- **ميخا 3: 5-7** – أنبياء كذبة يستخدمون الترهيب والرشوة

مناقشة جماعية وتطبيق

- شارك (بشكل مجهول إذا لزم الأمر) في وقت شعرت فيه بالتلاعب الروحي أو العاطفي.
- قم بتمثيل صلاة "قول الحقيقة" - تحرير السيطرة على الآخرين واستعادة إرادتك.
- اطلب من الأعضاء أن يكتبوا رسائل (حقيقية أو رمزية) لكسر العلاقات مع الشخصيات المسيطرة وإعلان الحرية في المسيح.

:أدوات الوزارة

- .زوجان شركاء التحرير
- .استخدم زيت المسحة لإعلان الحرية على العقل والإرادة

- استخدموا الشركة لتجديد العهد مع المسيح باعتباره الغطاء الحقيقي الوحيد.

رؤية رئيسية
حيث يتواجد التلاعب، يزدهر السحر. ولكن حيث يتواجد روح الله، توجد الحرية.

مجلة التأمل
- من أو ماذا سمحت له بالتحكم في صوتي أو إرادتي أو اتجاهي؟
- هل استخدمت الخوف أو الإطراء من قبل للحصول على ما أريد؟
- ما هي الخطوات التي سأتخذها اليوم للسير في حرية المسيح؟

صلاة الخلاص
يا أبانا السماوي، إنني أرفض كل شكل من أشكال التلاعب العاطفي والروحي والنفسي الذي يُمارس في داخلي أو حولي. أقطع كل قيد روحي متجذر في الخوف والذنب والسيطرة. أتحرر من التمرد والهيمنة والترهيب. أُعلن أن روحك وحده هو من يقودني. أنال نعمة السير في المحبة والحق والحرية باسم يسوع. آمين.

اليوم الثامن عشر: كسر قوة عدم التسامح والمرارة

"عدم المسامحة هو مثل شرب السم وتوقع موت الشخص الآخر."
"احذروا... لئلا ينمو جذر مرير يسبب المشاكل وينجس كثيرين."
— عبرانيين ١٢: ١٥

المرارة مُدمرة صامتة. قد تبدأ بألم - خيانة، كذبة، خسارة - ولكن إذا تُركت دون علاج، فإنها تتفاقم إلى عدم مسامحة، وفي النهاية، إلى جذر يُسمم كل شيء.

إن عدم المسامحة يفتح الباب للأرواح المعذبة (متى ١٨: ٣٤). فهو يُعيق التمييز، ويُعيق الشفاء، ويُخنق صلواتك، ويمنع تدفق قوة الله. التحرير لا يعني فقط إخراج الشياطين، بل يعني أيضًا إطلاق ما كنت تحبسه في داخلك.

تعبيرات عالمية عن المرارة

- **أفريقيا** - الحروب القبلية، والعنف السياسي، والخيانة العائلية التي تنتقل عبر الأجيال.
- **آسيا**، - العار بين الوالدين والأبناء، الجروح القائمة على الطبقات الخيانة الدينية.
- **أوروبا** - الصمت المتواصل على الإساءة، والمرارة بسبب الطلاق أو الخيانة الزوجية.
- **أمريكا اللاتينية** - الجروح الناجمة عن المؤسسات الفاسدة، ورفض الأسرة، والتلاعب الروحي.
- **أمريكا الشمالية** - أذى الكنيسة، والصدمة العنصرية، والآباء الغائبون، والظلم في مكان العمل.

"لا تصرخ المرارة دائمًا. أحيانًا تهمس: "لن أنسى ما فعلوه أبدًا". لكن الله يقول: دع الأمر يمر، ليس لأنهم يستحقونه، بل لأنك **أنت** تستحقه.

قصة حقيقية - المرأة التي لم تسامح

ماريا من البرازيل تبلغ من العمر 45 عامًا عندما جاءت أول مرة للخلاص. كانت تحلم كل ليلة بأنها تُخنق. كانت تعاني من قرحة المعدة وارتفاع ضغط

الدم والاكتئاب. خلال الجلسة، تبيّن أنها كانت تُكنّ كراهيةً لوالدها الذي أساء معاملتها في طفولتها، ثم هجر عائلته لاحقًا.
لقد أصبحت مسيحية، ولكنها لم تسامحه أبدًا.
بينما كانت تبكي وتُسلّمه لله، ارتجف جسدها - شعرت بشيءٍ ما. في تلك الليلة، نامت بسلام لأول مرة منذ عشرين عامًا. بعد شهرين، بدأت صحتها تتحسن بشكل ملحوظ. وهي الآن تشارك قصتها كمدربة شفاء للنساء.

خطة العمل - اقتلاع الجذور المريرة

1. **سمِّه** – اكتب أسماء الأشخاص الذين أذوك – حتى نفسك أو الله (إذا كنت غاضبًا منه سرًا).
2. **أطلق سراحه** - قل بصوت عالٍ: "أختار أن أسامح [الاسم] على [الإساءة المحددة]. أطلق سراحهم وأحرر نفسي".
3. **أحرقها** - إذا كان من الآمن القيام بذلك، قم بحرق أو تقطيع الورقة كعمل نبوي للتحرر.
4. **صلِّ** على من أساء إليك، حتى لو قاومتك عواطفك. هذه حرب روحية.

أدوات الكتاب المقدس

- متى 18: 21-35 – مثل العبد الذي لا يغفر
- عبرانيين 12: 15 – الجذور المريرة تُنجس كثيرين
- مرقس 11: 25 – اغفروا فلا تعاق صلواتكم
- رومية ١٢: ١٩-٢١ – اترك الانتقام لله

طلب جماعي وخدمة

- اطلب من كل شخص (بشكل خاص أو كتابيًا) أن يذكر اسم شخص يجد صعوبة في مسامحته.
- انقسموا إلى فرق صلاة لمتابعة عملية المغفرة باستخدام الصلاة أدناه.
- قيادة "حفل حرق نبوي" حيث يتم تدمير الجرائم المكتوبة واستبدالها بإعلانات الشفاء.

أدوات الوزارة:

- بطاقات إعلان التسامح
- موسيقى هادئة أو عبادة نقع
- زيت الفرح (للمسح بعد الإفراج)

رؤية رئيسية

.عدم التسامح بوابة يستغلها العدو. التسامح سيف يقطع حبل العبودية

مجلة التأمل

- من يجب أن أسامحه اليوم؟
- هل سامحت نفسي أم أنني أعاقب نفسي على أخطاء الماضي؟
- هل أؤمن أن الله قادر على استعادة ما فقدته بسبب الخيانة أو الإساءة؟

صلاة التحرير

- يا رب يسوع، أقف أمامك بألمي وغضبي وذكرياتي. أختار اليوم - بإيمان .أن أغفر لكل من آذاني أو أساء إليّ أو خانني أو رفضني. أتركهم يرحلون أُحررهم من الدينونة، وأُحرر نفسي من المرارة. أسألك أن تشفي كل جرح .وتملأني بسلامك. باسم يسوع. آمين

اليوم التاسع عشر :الشفاء من العار والإدانة

يقول العار: "أنا سيء". وتقول الإدانة: "لن أكون حرًا أبدًا". لكن يسوع يقول: "أنت لي، وقد جدّدتك".
"الذين ينظرون إليه ينيرون، ووجوههم لا تخجل أبدًا".
مزمور 34: 5 —

العار ليس مجرد شعور، بل هو استراتيجية من استراتيجيات العدو. إنه السترة التي يلفها حول من سقطوا أو فشلوا أو اغتصبوا. يقول: "لا يمكنك الاقتراب من الله. أنت قذر جدًا. متضرر جدًا. مذنب جدًا".
لكن الإدانة كذبة ، لأنه في المسيح **ليس هناك إدانة** (رومية 8: 1).

كثيرٌ من الساعين للخلاص يبقون عالقين لاعتقادهم أنهم **لا يستحقون الحرية**. يحملون الذنب كشارة، ويكررون أسوأ أخطائهم كأسطوانة مشروخة .
لم يدفع يسوع ثمن خطاياك فحسب، بل دفع ثمن عارك أيضًا.

وجوه العار العالمية

- **أفريقيا** - المحرمات الثقافية المتعلقة بالاغتصاب، والعقم، وعدم الإنجاب، أو الفشل في الزواج.
- **آسيا** - العار الناتج عن عدم الشرف الناتج عن توقعات الأسرة أو الانحراف الديني.
- **أمريكا اللاتينية** - الشعور بالذنب بسبب الإجهاض، أو التورط في السحر، أو العار العائلي.
- **أوروبا** - العار الخفي الناجم عن الخطايا السرية، أو الإساءة، أو الصراعات المتعلقة بالصحة العقلية.
- **أمريكا الشمالية** - العار الناتج عن الإدمان، أو الطلاق، أو المواد الإباحية، أو ارتباك الهوية.

يزدهر العار في الصمت، لكنه يموت في ضوء محبة الله.

قصة حقيقية - اسم جديد بعد الإجهاض

ياسمين من الولايات المتحدة ثلاث مرات قبل اعتناقها المسيحية. ورغم نجاتها، لم تستطع مسامحة نفسها. كان كل عيد أم بمثابة لعنة. عندما كان

الناس يتحدثون عن الأطفال أو تربية الأبناء، كانت تشعر بأنها غير مرئية، والأسوأ من ذلك، أنها لا تستحق ذلك.

خلال خلوة نسائية، سمعت رسالةً عن إشعياء ٦١: "بدلاً من العار، نصيبٌ مضاعف". بكت. في تلك الليلة، كتبت رسائل إلى أجنتها، وتابت مجددًا أمام الرب، وتلقّت رؤيا يسوع يُسلّمها أسماءً جديدة: "حبيبة"، "أمي مُستردَّة".

وهي الآن تخدم النساء بعد الإجهاض وتساعدهن على استعادة هوياتهن في المسيح.

خطة العمل - الخروج من الظل

1. **اسم العار** - اكتب في مذكراتك ما كنت تخفيه أو تشعر بالذنب بشأنه.
2. **اعترف بالكذبة** - اكتب الاتهامات التي تصدقها (على سبيل المثال، "أنا قذر"، "أنا غير مؤهل").
3. **استبدل بالحقيقة** – أعلن بصوت عالٍ كلمة الله على نفسك (انظر الكتاب المقدس أدناه).
4. **فعل نبوي** - اكتب كلمة "عار" على ورقة، ثم مزّقها أو احرقها. أعلن: "لم أعد ملزمًا بهذا!"

أدوات الكتاب المقدس

- رومية 8: 1-2 – لا إدانة في المسيح
- إشعياء 61: 7 – ضعف الجزاء للعار
- المزمور 34: 5 – إشراقة في حضرته
- عبرانيين 4: 16 – الوصول الجريء إلى عرش الله
- صفنيا 3: 19-20 – يزيل الله العار بين الأمم

طلب جماعي وخدمة

- اطلب من المشاركين كتابة عبارات عار مجهولة المصدر (على سبيل المثال، "لقد أجريت عملية إجهاض"، "لقد تعرضت للإساءة"، "لقد ارتكبت عملية احتيال") ووضعها في صندوق مغلق.
- اقرأ إشعياء 61 بصوت عالٍ، ثم قم بقيادة صلاة للتبادل - الحزن من أجل الفرح، والرماد من أجل الجمال، والعار من أجل الشرف.
- قم بتشغيل موسيقى العبادة التي تؤكد على الهوية في المسيح.

- تحدث بكلمات نبوية عن الأفراد المستعدين للتخلي.

أدوات الوزارة:

- بطاقات إعلان الهوية
- زيت المسحة
- لورين) "You Say" قائمة تشغيل عبادة تحتوي على أغاني مثل (لم يعد هناك عبيد)، أو "No Longer Slaves" دايجل)، أو (من تقول أنني أنا) "Who You Say I Am"

رؤية رئيسية

العار سارق. يسرق صوتك وفرحك وسلطتك. لم يغفر يسوع خطاياك فحسب، بل جرّد العار من قوته.

مجلة التأمل

- ما هي أقدم ذكرى للخجل أستطيع أن أتذكرها؟
- ما هي الكذبة التي كنت أصدقها عن نفسي؟
- هل أنا مستعد لرؤية نفسي كما يراني الله - نظيفًا ومشرقًا ومختارًا؟

صلاة الشفاء

يا رب يسوع، أُحضر لك عارِي، وألمي الخفي، وكل صوت إدانة. أتوب عن موافقتي على أكاذيب العدو بشأن هويتي. أختار أن أؤمن بما تقوله - أنني مغفور لي، ومحبوب، ومتجدد. أرتدي رداء برّك وأدخل إلى الحرية. أسير خارجًا من العار إلى مجدك. باسم يسوع، آمين.

اليوم العشرون: السحر المنزلي ـ عندما يعيش الظلام تحت سقف واحد

ليس كل عدو في الخارج. بعضهم يرتدي وجوهًا مألوفة.
«أعداء الإنسان أهل بيته»
— متى ١٠: ٣٦

بعض المعارك الروحية الأكثر ضراوة لا تدور في الغابات أو الأضرحة، بل في غرف النوم، والمطابخ، ومذابح العائلة.
ـ **السحر المنزلي** إلى العمليات الشيطانية التي تنشأ من داخل عائلة المرء ـ الوالدين، أو الزوجين، أو الإخوة، أو موظفي المنزل، أو الأقارب الممتدين من خلال الحسد، أو الممارسة الغامضة، أو مذابح الأجداد، أو التلاعب الروحي المباشر.
تصبح عملية التحرير معقدة عندما يكون الأشخاص المعنيون هم **أولئك الذين نحبهم أو نعيش معهم**.

أمثلة عالمية للسحر المنزلي

- **أفريقيا** ـ زوجة الأب الغيورة ترسل اللعنات من خلال الطعام؛ أحد الإخوة يستدعي الأرواح ضد أخ أكثر نجاحًا.
- **الهند ونيبال** ـ الأمهات يكرسن أطفالهن للآلهة عند الولادة؛ ويتم استخدام مذابح المنازل للتحكم في المصائر.
- **أمريكا اللاتينية** ـ البروجيريا أو السانتيريا التي يمارسها الأقارب سراً للتلاعب بالزوجات أو الأبناء.
- **أوروبا** ـ الماسونية الخفية أو القسم الغامض في خطوط العائلة؛ التقاليد النفسية أو الروحانية المتوارثة.
- **أمريكا الشمالية** ـ الآباء الويكا أو الآباء الجدد "يباركون" أطفالهم بالبلورات أو تطهير الطاقة أو التارو.

قد تختبئ هذه القوى وراء عاطفة الأسرة، لكن هدفها هو السيطرة، والركود، والمرض، والعبودية الروحية.

قصة حقيقية ـ والدي نبي القرية

نشأت امرأة من غرب أفريقيا في منزل كان والدها فيه نبيًا قرويًا يحظى بالاحترام. كان بالنسبة للغرباء مرشدًا روحيًا. خلف الأبواب المغلقة، كان

يدفن التعاويذ في المجمع، ويقدم التضحيات نيابةً عن العائلات التي تسعى إلى الكسب أو الانتقام.

ظهرت أنماط غريبة في حياتها: كوابيس متكررة، وعلاقات فاشلة، ومرض لا تفسير له. عندما سلمت حياتها للمسيح، انقلب عليها والدها، معلنًا أنها لن تنجح أبدًا دون مساعدته. تدهورت حياتها لسنوات.

بعد أشهر من الصيام وصلاة منتصف الليل، قادها الروح القدس إلى التخلي عن كل ما يرتبط بعباءة والدها الروحية. دفنت الكتب المقدسة في جدرانها، وأحرقت التحف القديمة، ومسحت عتبة بابها يوميًا. وبدأت الاكتشافات تدريجيًا: استعادت عافيتها، وتبددت أحلامها، وتزوجت أخيرًا. وهي الآن تساعد النساء الأخريات اللواتي يواجهن مذابح بيوتهن.

خطة العمل - مواجهة الروح المألوفة

1. **التمييز بلا عار** – اطلب من الله أن يكشف لك القوى الخفية بلا كراهية.
2. **كسر الاتفاقيات الروحية** – التخلي عن كل رابط روحي تم إنشاؤه من خلال الطقوس أو المذابح أو القسم المنطوق.
3. **منفصلون روحيا** - حتى لو كنت تعيش في نفس المنزل، يمكنك **الانفصال روحيا** من خلال الصلاة.
4. **قدس مساحتك** – امسح كل غرفة وكل شيء وكل عتبة بالزيت والكتاب المقدس.

أدوات الكتاب المقدس

- ميخا 7: 5-7 – لا تثق في القريب
- المزمور 27: 10 – "إن أبي وأمي تركاني..."
- لوقا 14: 26 – محبة المسيح أكثر من محبة العائلة
- ملوك 11: 1-3 – الخلاص الخفي من الملكة الأم القاتلة 2
- إشعياء 54: 17 – لا ينجح أي سلاح مُصَوَّر

تطبيق المجموعة

- شارك في تجارب حيث جاءت المعارضة من داخل الأسرة.
- صلوا من أجل الحكمة والجرأة والحب في مواجهة المقاومة المنزلية.
- قم بإقامة صلاة التخلي عن كل رباط روحي أو لعنة نطق بها أحد الأقارب.

أدوات الوزارة:

- زيت المسحة

- إعلانات الغفران
- صلاة تحرير العهد
- مزمور 91 غطاء الصلاة

رؤية رئيسية

.قد يكون السلالة نعمة أو ساحة معركة. أنت مدعوٌّ لاستردادها، لا أن تُحكم بها

مجلة التأمل

- هل سبق وأن واجهت مقاومة روحية من أحد الأشخاص القريبين مني؟
- هل هناك شخص أحتاج إلى مسامحته - حتى لو كان لا يزال يمارس السحر؟
- هل أنا على استعداد للتخلي عن نفسي، حتى لو كلفني ذلك علاقات؟

صلاة الانفصال والحماية

يا أبتِ، أُقرّ بأن أعظم معارضة قد تأتي من أقرب الناس إليّ. أغفر لكل فرد ،من أفراد أسرتي، عن علم أو بغير علم، يُعيق قدري. أُحطم كل قيد روحي وكل لعنة، وكل عهدٍ عُقد في عائلتي لا يتماشى مع ملكوتك. بدم يسوع، أُقدّس .بيتي، وأُعلن: أنا وبيتي، سنعبد الرب. آمين

- اليوم الحادي والعشرون :روح إيزابل الإغواء والسيطرة والتلاعب الديني

لكن لديّ عليكَ هذا: إنكَ تُسامح إيزابل، التي تُسمّي نفسها نبية. بتعليمها تُضلّل..." - رؤيا ٢: ٢٠
ستأتي نهايتها فجأةً بلا شفاء." - أمثال ٦: ١٥"

بعض الأرواح تصرخ من الخارج.
إيزابل تهمس من الداخل.
،إنها لا تغري فحسب، بل **تغتصب وتتلاعب وتفسد** ، تاركةً وزاراتٍ محطمة وزيجاتٍ خانقة، ودولًا مغرية بالتمرد.

ما هي روح إيزابل؟
:روح إيزابل

- يقلد النبوءة لتضليل
- يستخدم السحر والإغراء للسيطرة
- يكره السلطة الحقيقية ويسكت الأنبياء
- أقنعة الكبرياء وراء التواضع الزائف
- غالبًا ما يرتبط بالقيادة أو المقربين منها

يمكن لهذه الروح أن تعمل من خلال **الرجال أو النساء** ، وهي تزدهر حيث لا يتم علاج القوة غير المقيدة، أو الطموح، أو الرفض.

المظاهر العالمية

- **أفريقيا** - نبيات كاذبات يتلاعبن بالمذابح ويطالبن بالولاء بالخوف.
- **آسيا** – المتصوفون الدينيون يمزجون الإغراء بالرؤى للسيطرة على الدوائر الروحية.
- **أوروبا** - إحياء عبادة الآلهة القديمة في ممارسات العصر الجديد تحت اسم التمكين.
- **أمريكا اللاتينية** - كاهنات السانتيريا يمارسن السيطرة على العائلات "من خلال "المشورة الروحية.
- **أمريكا الشمالية** - المؤثرون على وسائل التواصل الاجتماعي يروجون لـ "الأنوثة الإلهية" بينما يسخرون من الخضوع أو السلطة أو النقاء الكتابي.

قصة حقيقية: إيزابل التي جلست على المذبح

في دولة كاريبية، بدأت كنيسةٌ مُتقدةٌ في سبيل الله تخبو ببطءٍ وهدوء. وتشتتت جماعةُ الشفاعة التي كانت تجتمعُ في السابق لصلاة منتصف الليل. وسقطت خدمةُ الشباب في فضيحة. وبدأت الزيجاتُ في الكنيسة بالفشل، وأصبح القسُّ، الذي كان يومًا ما مُتقدًا، مترددًا ومنهكًا روحيًا.

في قلب كل هذا كانت امرأة - **الأخت ر.** جميلة، جذابة، وسخية، وكانت موضع إعجاب الكثيرين. كانت دائمًا تحمل "كلمة من الرب" وتحلم بمصير الجميع. تبرعت بسخاء لمشاريع الكنيسة، وحصلت على مقعد قريب من القس. خلف الكواليس، شوّهت **سمعة نساء أخريات بمهارة**، وأغوت قسًا مبتدئًا وزرعت بذور الانقسام. نصّبت نفسها سلطة روحية، بينما قوّضت القيادة الفعلية بهدوء.

في إحدى الليالي، رأت فتاة مراهقة في الكنيسة حلمًا واضحًا: رأت ثعبانًا ملتفًا تحت المنبر، يهمس في الميكروفون. فزعت، فأخبرت والدتها بالحلم، فأحضرته إلى القس.

قررت القيادة الصيام **ثلاثة أيام** طلبًا لإرشاد الله. في اليوم الثالث، وخلال جلسة صلاة، بدأت الأخت "ر" تظهر عليها أعراضٌ عنيفة. هسّت وصرخت واتهمت الآخرين بممارسة السحر. ثمّ تلا ذلك تحررٌ عظيم، واعترفت: رُسِمَت في جماعة روحية في أواخر مراهقتها، وكُلِّفَت **بالتسلل إلى الكنائس "لسرقة نيرانها".**

كانت قد زارت **خمس كنائس** قبل هذه الكنيسة. لم يكن سلاحها الصاخب، بل كان **الإطراء، والإغواء، والتحكم بالعواطف**، والتلاعب النبوي.

اليوم، أعادت تلك الكنيسة بناء مذبحها، وأُعيد تكريس المنبر. وتلك الفتاة المراهقة؟ أصبحت الآن مبشرة متحمسة تقود حركة صلاة نسائية.

خطة العمل - كيفية مواجهة إيزابل

1. **توب** عن أي طريقة تعاونت بها مع التلاعب، أو السيطرة الجنسية، أو الكبرياء الروحي.
2. **تمييز** سمات إيزابل - التملق، التمرد، الإغراء، النبوة الكاذبة.
3. **اقطع روابط الروح** والتحالفات غير المقدسة في الصلاة - خاصة مع أي شخص يبعدك عن صوت الله.
4. **أعلن سلطتك** في المسيح. إيزابل تخشى من يعرفها.

ترسانة الكتاب المقدس:

- الملوك الأول 18-21 – إيزابل ضد إيليا
- رؤيا يوحنا 2: 18-29 – تحذير المسيح لثياتيرا

- الأمثال 6: 16-19 – ما يكرهه الله
- غلاطية 5: 19-21 – أعمال الجسد

تطبيق المجموعة

- ناقش: هل سبق لك أن شهدتَ تلاعبًا روحيًا؟ كيف تَخَفّى؟
- أعلنوا كمجموعة سياسة "عدم التسامح" مع إيزابل - في الكنيسة، أو المنزل، أو القيادة.
- إذا لزم الأمر، قم بصلاة **التحرير** أو الصوم لكسر تأثيرها.
- إعادة تكريس أي وزارة أو مذبح تم المساس به.

أدوات الخدمة:

استخدم زيت المسحة. خصص وقتًا للاعتراف والمغفرة. رنّم ترانيم عبادة تُعلن **سيادة يسوع**.

رؤية رئيسية

تزدهر إيزابل حيث **يضعف التمييز** ويرتفع **التسامح** . وينتهي حكمها عندما تستيقظ السلطة الروحية.

مجلة التأمل

- هل سمحت للتلاعب بقيادتي؟
- هل هناك أشخاص أو مؤثرات قمت برفعها فوق صوت الله؟
- هل أسكت صوتي النبوي خوفا أم بسبب السيطرة؟

صلاة الخلاص

يا رب يسوع، إني أتخلى عن كل تحالف مع روح إيزابل. أرفض الإغراء، والسيطرة، والنبوءات الكاذبة، والتلاعب. طهّر قلبي من الكبرياء، والخوف والتنازل. أستعيد سلطتي. هدم كل مذبح بنته إيزابل في حياتي. أُتوّجك يا يسوع، ربًا على علاقاتي، ودعوتي، وخدمتي. املأني بالتمييز والجرأة باسمك، آمين.

- اليوم الثاني والعشرون: الثعابين والصلاة كسر روح التضييق

"في إحدى المرات، بينما كنا ذاهبين إلى مكان الصلاة، استقبلتنا جارية بها روح بايثون..." - أعمال الرسل 16: 16
"تدوس على الأسد والأفعى..." - مزمور 91: 13

. هناك روحٌ لا تعضّ، بل **تعصر**
تخنق نارك. تلتفّ حول صلاتك، أنفاسك، عبادتك، انضباطك، حتى تبدأ بالتخلي عمّا كان يمنحك القوة.
هذه هي روح **بايثون** - قوة شيطانية **تقيد النمو الروحي، وتؤخر القدر وتخنق الصلاة، وتزيف النبوة** .

المظاهر العالمية

- **أفريقيا** - تظهر روح الثعبان كقوة نبوية كاذبة، تعمل في الأضرحة البحرية والغابات.
- **آسيا** - أرواح الثعابين تُعبد باعتبارها آلهة يجب إطعامها أو استرضائها.
- **أمريكا اللاتينية** - السانتيريا هي مذابح متعرجة تستخدم للثروة والشهوة والسلطة.
- **أوروبا** - رموز الثعبان في السحر وقراءة الطالع والدوائر النفسية.
- **أمريكا الشمالية** - أصوات "نبوية" مزيفة متجذرة في التمرد والارتباك الروحي.

شهادة: الفتاة التي لم تستطع التنفس

بدأت ماريسول من كولومبيا تعاني من ضيق في التنفس كلما ركعت للصلاة. كان صدرها يضيق. امتلأت أحلامها بصور ثعابين تلتف حول رقبتها أو تستريح تحت سريرها. لم يجد الأطباء أي مشكلة طبية.
في أحد الأيام، اعترفت جدتها بأن ماريسول كانت "مُكرّسة" في صغرها لروح جبلية تُعرف بظهورها على شكل ثعبان. كانت "روحًا حامية" ، لكن كان لها ثمن.
خلال اجتماع تحرير، بدأت ماريسول تصرخ بعنف عندما وُضعت عليها الأيدي. شعرت بشيء يتحرك في بطنها، ثم صدرها، ثم يخرج من فمها كما لو كان الهواء ينفث.

بعد ذلك اللقاء، انتهى ضيق التنفس. تغيرت أحلامها. بدأت تقود اجتماعات الصلاة - الشيء نفسه الذي حاول العدو خنقها ذات مرة.

علامات تشير إلى أنك قد تكون تحت تأثير روح بايثون
- التعب والثقل عند محاولة الصلاة أو العبادة
- الارتباك النبوي أو الأحلام الخادعة
- الشعور المستمر بالاختناق أو الانسداد أو التقييد
- الاكتئاب أو اليأس دون سبب واضح
- فقدان الرغبة أو الدافع الروحي

خطة العمل – كسر القيود
1. **التوبة** من أي تورط في أمور غامضة أو نفسية أو وراثية.
2. **أعلن أن جسدك وروحك ملك لله وحده**.
3. **الصيام والحرب** باستخدام إشعياء 27: 1 والمزمور 91: 13.
4. **امسح حلقك، وصدرك، وقدميك** - مطالبًا بالحرية في التحدث والتنفس، والمشي في الحقيقة.

آيات التحرير:
- أعمال الرسل 16: 16-18 – بولس يطرد روح الثعبان
- إشعياء 27: 1 – الله يعاقب ليفياثان، الحية الهاربة
- المزمور 91 – الحماية والسلطة
- لوقا 10: 19 – القدرة على دوس الحيات والعقارب

تطبيق المجموعة
- اسأل: ما الذي يخنق حياتنا الصلاة - على المستوى الشخصي والجماعي؟
- قيادة صلاة التنفس الجماعية - إعلان **نفس الله** (الروح) على كل عضو.
- اكسر كل تأثير نبوي كاذب أو ضغط يشبه الثعبان في العبادة والشفاعة.

أدوات الخدمة: العبادة باستخدام المزامير أو آلات التنفس، وقطع الحبال الرمزية، وأوشحة الصلاة من أجل حرية التنفس.

رؤية رئيسية

روح البايثون تخنق ما يريد الله أن يولده. يجب مواجهتها لاستعادة أنفاسك وجرأتك.

مجلة التأمل

- متى شعرت آخر مرة بالحرية الكاملة في الصلاة؟
- هل هناك علامات التعب الروحي التي كنت أتجاهلها؟
- هل قبلت دون قصد "نصيحة روحية" جلبت المزيد من الارتباك؟

صلاة الخلاص

يا أبتِ، باسم يسوع، أُحطم كل روحٍ مُقيّدةٍ مُخصّصةٍ لخنق هدفي. أُنكر روح الثعبان وكلّ الأصوات النبوية الكاذبة. أستقبل نَفَس روحك وأُعلن: سأتنفس بحرية، وأُصلّي بجرأة، وأسير باستقامة. كلُّ أفعى تُحيط بحياتي ستُقطع وتُطرد. أنال الخلاص الآن. آمين.

اليوم الثالث والعشرون :عروش الإثم - هدم المعاقل الإقليمية

:هل يشترك معك عرش الإثم الذي يخترع الشر بالناموس؟ — مزمور 94 20

مصارعتنا ليست ضد لحم ودم، بل ضد... حكام الظلمة...» — أفسس 6: 12»

- هناك **عروش غير مرئية** - أنشئت في المدن، والأمم، والعائلات، والأنظمة ،حيث **تحكم القوى الشيطانية بشكل قانوني** من خلال العهود، والتشريعات والوثنية، والتمرد لفترات طويلة.

هذه ليست هجمات عشوائية، بل هي **سلطاتٌ مُتوَّجة** ، مُتجذّرةٌ في هياكل تُديم الشرّ عبر الأجيال.

- حتى يتم تفكيك هذه العروش **روحيا** ، فإن دورات الظلام سوف تستمر بغض النظر عن مقدار الصلاة المقدمة على المستوى السطحي.

المعاقل والعروش العالمية

- **أفريقيا** - عروش السحر في السلالات الملكية والمجالس التقليدية.
- **أوروبا** – عروش العلمانية، والماسونية، والتمرد المشروع.
- **آسيا** - عروش عبادة الأصنام في المعابد السلفية والسلالات السياسية.
- **أمريكا اللاتينية** - عروش الإرهاب المرتبط بالمخدرات، وعبادة الموت، والفساد.
- **أمريكا الشمالية** - عروش الانحراف والإجهاض والقمع العنصري.

هذه العروش تؤثر على القرارات، وتقمع الحقيقة، وتلتهم **المصائر** .

شهادة: تحرير عضو مجلس المدينة

في إحدى مدن جنوب أفريقيا، اكتشف مستشار مسيحي تم انتخابه حديثًا أن كل من يشغل منصبًا قبله إما أصيب بالجنون، أو انفصل عن زوجته، أو مات فجأة.

بعد أيام من الصلاة، كشف الرب عن **عرشٍ من ذبيحة الدم** مدفونًا تحت مبنى البلدية. كان أحد العرافين المحليين قد زرع تعاويذ منذ زمنٍ بعيدٍ كجزءٍ من مطالبةٍ إقليمية.

جمع المستشار الشفعاء، وصام، وأقام صلاة منتصف الليل داخل قاعات المجلس. على مدار ثلاث ليالٍ، أبلغ الموظفون عن صراخ غريب في الجدران، وانقطاع التيار الكهربائي.
في غضون أسبوع، بدأت الاعترافات. وكُشفت عقود فاسدة، وفي غضون أشهر، تحسّنت الخدمات العامة. سقط العرش.

خطة العمل – خلع الظلام

1. **حدد العرش** - اطلب من الرب أن يريك المعاقل الإقليمية في مدينتك أو مكتبك أو سلالتك أو منطقتك.
2. **التوبة من أجل الأرض** (الشفاعة على غرار دانيال 9).
3. **العبادة بطريقة استراتيجية** - العروش تنهار عندما يتولى مجد الله زمام الأمور (انظر 2 أخبار الأيام 20).
4. **أعلن اسم يسوع** باعتباره الملك الحقيقي الوحيد على هذا المجال.

آيات المرساة:

- المزمور 94: 20 – عروش الإثم
- أفسس 6: 12 – الحكام والسلطات
- إشعياء 28: 6 – روح العدل للمقاتلين
- ملوك 23 – يوشيا يدمر المذابح والعروش الوثنية2

المشاركة الجماعية

- قم بإجراء جلسة "الخريطة الروحية" لمنطقتك أو مدينتك.
- اسأل: ما هي دورات الخطيئة والألم والقمع هنا؟
- تعيين "حراس" للصلاة أسبوعيًا في المواقع الرئيسية: المدارس، والمحاكم، والأسواق.
- تصدر المجموعة الرائدة مراسيم ضد الحكام الروحيين باستخدام المزمور 149: 5-9.

أدوات الخدمة: الشوفار، خرائط المدينة، زيت الزيتون لتكريس الأرض، أدلة المشي للصلاة.

رؤية رئيسية

إذا كنت تريد أن ترى التحول في مدينتك، **عليك أن تتحدى العرش خلف النظام** - وليس فقط الوجه أمامه.

مجلة التأمل

- هل هناك معارك متكررة في مدينتي أو عائلتي أشعر أنها أكبر مني؟
- هل ورثت معركة ضد عرش لم أعتليه؟
- ما هي "الحكام" الذين يجب إزالتهم في الصلاة؟

صلاة الحرب

يا رب، افضح كل عرش ظلمٍ يحكم إقليمي. أُعلن اسم يسوع ملكًا وحيدًا! لتبدّد بالنار كل مذبحٍ خفيّ، أو شريعةٍ، أو عهدٍ، أو قوةٍ تُطبّق الظلام. أنا شفيعٌ فيّ بدم الحمل وكلمةِ شهادتي، أُهدم عروشًا وأُتوّج المسيح على بيتي ومدينتي وأمتي. باسم يسوع. آمين.

- اليوم الرابع والعشرون :شظايا الروح
عندما تكون أجزاء منك مفقودة

يُعيدُ نَفْسِي..." — مزمور ٣:٢٣"
سأُشفِي جراحاتِكَ، يقولُ الرَّبُّ، لأنَّكَ دُعيتَ مُنْبَذًا..." — إرميا ١٧:٣٠"

الصدمة تُحطم الروح. الإساءة. الرفض. الخيانة. الخوف المفاجئ. الحزن المُطوّل. هذه التجارب لا تُخلّف ذكريات فحسب، بل **تُمزّق كيانك الداخلي**.
كثيرون يتجولون وكأنهم مكتملون، لكنهم يعيشون بأجزاء **مفقودة من أنفسهم**
فرحتهم متناثرة، وهويتهم مبعثرة. عالقون في مناطق زمنية عاطفية - جزء منهم عالق في ماضٍ مؤلم، بينما يستمر الجسد في التقدم في السن.
هذه هي **شظايا الروح** - أجزاء من ذاتك العاطفية والنفسية والروحية التي انكسرت بسبب الصدمة أو التدخل الشيطاني أو التلاعب بالسحر.
حتى يتم جمع تلك القطع وشفائها وإعادة دمجها من خلال يسوع، **ستظل الحرية الحقيقية بعيدة المنال**.

ممارسات سرقة الأرواح العالمية

- **أفريقيا** - السحرة يستولون على "جوهر" الناس في الجرار أو المرايا.
- **آسيا** - طقوس احتجاز الروح من قبل المعلمين الروحيين أو الممارسين التانترا.
- **أمريكا اللاتينية** - تقسيم الروح الشامانية للسيطرة أو اللعنات.
- **أوروبا** - استخدام السحر المرآة الغامض لكسر الهوية أو سرقة الود.
- **أمريكا الشمالية** - الصدمة الناجمة عن التحرش، أو الإجهاض، أو ارتباك الهوية غالبا ما تخلق جروح عميقة في الروح وتفككها.

قصة: الفتاة التي لا تستطيع أن تشعر

أندريا، شابة إسبانية تبلغ من العمر 25 عامًا، عانت لسنوات من التحرش من أحد أفراد عائلتها. ورغم إيمانها بيسوع، إلا أنها ظلت فاقدةً للإحساس العاطفي. لم تستطع البكاء أو الحب أو الشعور بالتعاطف.
سألها قسٌّ زائرٌ سؤالًا غريبًا: "أين تركتِ فرحكِ؟" وبينما أغمضت أندريا عينيها، تذكرت عندما كانت في التاسعة من عمرها، منزويةً في خزانة، تقول لنفسها: "لن أشعر بأيّ شيءٍ مجددًا".

صلّيا معًا. سامحت أندريا، ونبذت عهودها الداخلية، ودعت يسوع إلى تلك الذكرى الخاصة. بكت بكاءً لا يُطاق لأول مرة منذ سنوات. في ذلك اليوم، **استعادت روحها عافيتها**.

خطة العمل – استعادة الروح والشفاء

1. اسأل الروح القدس: أين فقدت جزءًا من نفسي؟
2. سامح أي شخص كان مشاركًا في تلك اللحظة، وتخلي **عن عهودك الداخلية** مثل "لن أثق مرة أخرى أبدًا".
3. ادعُ يسوع إلى الذاكرة، وتحدث عن الشفاء في تلك اللحظة.
4. صلِّ: "يا رب، ردّ روحي. أدعو كل جزء مني أن يعود ويتعافى".

الآيات الرئيسية:

- المزمور 23: 3 – يرد النفس
- لوقا 4: 18 – شفاء المنكسري القلب
- تسالونيكي 5: 23 – الروح والنفس والجسد محفوظان 1
- إرميا 30: 17 – شفاء المنبوذين والجروح

تطبيق المجموعة

- **جلسة صلاة الشفاء الداخلي** الموجهة.
- اسأل: هل هناك لحظات في حياتك توقفت فيها عن الثقة أو الشعور أو الحلم؟
- قم بتمثيل دور "العودة إلى تلك الغرفة" مع يسوع ومشاهدته وهو يشفي الجرح.
- فليضع القادة الموثوق بهم أيديهم بلطف على الرؤوس ويعلنوا استعادة الروح.

أدوات الخدمة: موسيقى العبادة، والإضاءة الناعمة، والمناديل، ومطالبات كتابة اليوميات.

رؤية رئيسية

الخلاص لا يقتصر على طرد الشياطين، بل يشمل **جمعَ الشظايا واستعادة الهوية**.

مجلة التأمل

- ما هي الأحداث المؤلمة التي لا تزال تتحكم في طريقة تفكيري أو شعوري اليوم؟

- هل قلت من قبل "لن أحب مرة أخرى" أو "لا أستطيع أن أثق بأحد بعد الآن"؟
- كيف يبدو "الاكتمال" بالنسبة لي - وهل أنا مستعد لذلك؟

صلاة الاستعادة

يا يسوع، أنت راعي روحي. أحملك إلى كل مكان تحطمت فيه - خوفًا، خجلًا، ألمًا، أو خيانة. أكسر كل عهد داخلي ولعنة نطقت بها في صدمة. أغفر لمن جرحوني. الآن، أدعو كل جزء من روحي للعودة. جددني تمامًا - روحًا ونفسًا وجسدًا. لستُ مكسورًا إلى الأبد. أنا كامل فيك. باسم يسوع. آمين.

اليوم الخامس والعشرون :لعنة الأطفال الغريبين - عندما يتم تبادل المصائر عند الولادة

أولادهم أولاد غرباء، الآن يأكلهم شهر مع نصيبهم." — هوشع 5: 7"
قبل أن أصوّرك في البطن عرفتك..." — إرميا 1: 5"

.ليس كل طفل يولد في منزلٍ مُقدّرٌ له أن يكون كذلك
.وليس كل طفل يحمل جيناتك يحمل إرثك
،لقد استخدم العدو **الولادة منذ فترة طويلة كساحة معركة** - تبادل المصائر وزرع ذرية مزيفة، واختبار الأطفال في عهود مظلمة، والتلاعب بالأرحام .قبل أن يبدأ الحمل
هذه ليست مسألةً جسديةً فحسب، بل هي **معاملةٌ روحيةٌ** تشملُ مذابحَ وذبائحَ وشرعياتٍ شيطانية.

ما هم الأطفال الغريبون؟
:الأطفال الغريبون" هم"

- الأطفال الذين يولدون من خلال التفاني الخفي، أو الطقوس، أو العهود الجنسية.
- .يتم تبديل النسل عند الولادة (سواء روحيا أو جسديا)
- .الأطفال الذين يحملون مهام مظلمة إلى عائلة أو نسب
- الأرواح التي تم التقاطها في الرحم عن طريق السحر أو السحر الأسود أو مذابح الأجيال.

ينشأ العديد من الأطفال في حالة من التمرد والإدمان وكراهية الوالدين أو الذات - ليس فقط بسبب سوء التربية ولكن بسبب **من ادعى وجودهم روحيا عند الولادة** .

التعبيرات العالمية

- **أفريقيا** - التبادلات الروحانية في المستشفيات، وتلويث الرحم من خلال الأرواح البحرية أو ممارسة الجنس الطقسي.

- **الهند** - الأطفال الذين يتم إدخالهم إلى المعابد أو المصائر القائمة على الكارما قبل الولادة.
- **هايتي وأمريكا اللاتينية** - تكريس السانتيريا، الأطفال الذين يتم الحمل بهم على المذابح أو بعد التعويذات.
- **الدول الغربية** - ممارسات التلقيح الصناعي والأمومة البديلة مرتبطة أحيانًا بعقود غامضة أو سلالات المتبرعين؛ عمليات الإجهاض التي تترك الأبواب الروحية مفتوحة.
- **الثقافات الأصلية في جميع أنحاء العالم** - مراسم تسمية الأرواح أو التحويلات الطوطمية للهوية.

قصة: الطفل ذو الروح الخاطئة

كلارا، ممرضة من أوغندا، روت كيف أحضرت امرأة مولودها الجديد إلى اجتماع صلاة. كان الطفل يصرخ باستمرار، ويرفض الحليب، ويتفاعل بعنف مع الصلاة.

كشفت كلمة نبوية أن الطفل قد "استبدل" روحياً عند الولادة. واعترفت الأم بأن ساحراً صلّى على بطنها وهي في أمسّ الحاجة إلى طفل.

بفضل التوبة والدعاء الصادق، تعافى الطفل، ثم عاد إلى حالته الطبيعية. ثم ازدهر لاحقًا، مُظهرًا علامات استعادة السلام والنمو.

ليست كلُّ أمراض الأطفال طبيعية، فبعضها **فطريٌّ منذ الحمل** .

خطة العمل – استعادة مصير الرحم

1. إذا كنت أحد الوالدين، **قم بتكريس طفلك من جديد ليسوع المسيح** .
2. التخلي عن أي لعنات أو إهداءات أو عهود ما قبل الولادة - حتى تلك التي قام بها أسلافك دون علمهم.
3. خاطب روح طفلك مباشرةً بالصلاة: "أنت ملكٌ لله. مصيرك مُستعاد".
4. إذا لم يكن لديك أطفال، صلي من أجل رحمك، ورفضي كل أشكال التلاعب أو العبث الروحي.

الآيات الرئيسية:

- هوشع 9: 11-16 – الدينونة على البذرة الغريبة
- إشعياء 49: 25 – التنافس على أولادك
- لوقا 1: 41 – أطفال مملوءون بالروح من الرحم
- المزمور 139: 13-16 – تصميم الله المتعمد في الرحم

المشاركة الجماعية

- اطلب من الوالدين إحضار أسماء أو صور أطفالهم.
- أعلن على كل اسم: "هوية طفلك مُستعادة. كل يد غريبة تُقطع."
- صلوا من أجل تطهير الرحم الروحي لجميع النساء (والرجال كحاملين روحيين للبذور).
- استخدم التشارك ليرمز إلى استعادة مصير سلالة الدم.

أدوات الخدمة: المناولة، زيت المسحة، الأسماء المطبوعة أو أغراض الأطفال (اختياري).

رؤية رئيسية

يستهدف الشيطان الرحم، لأنه **المكان الذي يتشكل فيه الأنبياء والمحاربون والمصائر** . لكن كل طفل يمكن استعادته من خلال المسيح.

مجلة التأمل

- هل سبق أن حلمت بأحلام غريبة أثناء الحمل أو بعد الولادة؟
- هل يعاني أطفالي من صعوبات بطرق تبدو غير طبيعية؟
- هل أنا مستعد لمواجهة الأصول الروحية للتمرد أو التأخير الجيلي؟

صلاة الاستصلاح

- يا أبتِ، أُحضِرُ رحمي ونسلي وأولادي إلى مذبحك. أتوبُ عن كلِّ بابٍ معلومٍ كان أم مجهولاً - فتحَ للعدو. أُحطِّمُ كلَّ لعنةٍ وتكريسٍ وتكليفٍ شيطانيٍّ مُقيِّدٍ بأبنائي. أُكلِّمُهم: أنتَ قدُّوسٌ، مُختارٌ، ومختومٌ لمجدِ الله. قُدِّرَ لكَ أن تُخلَّص. باسمِ يسوع. آمين.

اليوم السادس والعشرون :مذابح القوة الخفية - التحرر من عهود النخبة الخفية

:ثم أخذه إبليس إلى جبل عالٍ جدًا، وأراه جميع ممالك العالم ومجدها، وقال له أعطيك هذا كله إن سجدت وسجدت لي». — متى ٤: ٨-٩»

يعتقد الكثيرون أن القوة الشيطانية لا توجد إلا في طقوس سرية أو قرى ،مظلمة. لكن بعض أخطر العهود مخفية وراء بدلات أنيقة، ونوادي النخبة وتأثيرات متوارثة عبر الأجيال.

،هذه **مذابح قوة** - تُشكَّل من يمين الدم، وطقوس البدء، والرموز السرية والعهود الشفهية التي تربط الأفراد والعائلات، بل وحتى الأمم بأكملها، بسيادة لوسيفر. من الماسونية إلى طقوس الكابالا، ومن طقوس البدء بالنجوم الشرقية إلى مدارس الأسرار المصرية والبابلية القديمة - تَعِدُ بالتنوير، لكنها تُؤمِّن العبودية.

الاتصالات العالمية

- **أوروبا وأمريكا الشمالية** - الماسونية، الوردية الصليبية، وسام الفجر الذهبي، الجمجمة والعظام، بستان البوهيمي، مبادرات الكابالا.
- **أفريقيا** - مواثيق الدم السياسية، والمساومات الروحية السلفية من أجل الحكم، وتحالفات السحر على مستوى عال.
- **آسيا** - المجتمعات المستنيرة، وعهود أرواح التنين، وسلالات الدم المرتبطة بالسحر القديم.
- **أميركا اللاتينية** - السانتيريا السياسية، والحماية الطقسية المرتبطة بالكارتل، والاتفاقيات المبرمة من أجل النجاح والحصانة.
- **الشرق الأوسط** - الطقوس البابلية والآشورية القديمة التي انتقلت تحت ستار ديني أو ملكي.

شهادة – حفيد ماسوني يجد الحرية

كارلوس، الذي نشأ في عائلة نافذة في الأرجنتين، لم يكن يعلم قط أن جده قد وصل إلى الدرجة الثالثة والثلاثين من الماسونية. وقد عانت حياته من ،أعراض غريبة - شلل النوم، واضطراب العلاقات، وعجز دائم عن التقدم مهما حاول.

بعد حضوره درسًا للتحرر كشف عن صلات خفية للنخبة، واجه تاريخ عائلته فعثر على زينة ماسونية ومذكرات سرية. وخلال صيام منتصف الليل، أنكر كل عهد دم وأعلن حريته في المسيح. في ذلك الأسبوع تحديدًا، حصل على الانطلاقة الوظيفية التي انتظرها لسنوات.

إن المذابح عالية المستوى تخلق معارضة عالية المستوى - لكن **دم يسوع** يتكلم بصوت أعلى من أي قسم أو طقوس.

خطة العمل – كشف النزل المخفي

1. **تحقق** : هل هناك انتماءات ماسونية أو باطنية أو سرية في سلالتك؟
2. **التخلي عن** كل العهد المعروف وغير المعروف باستخدام التصريحات المستندة إلى متى 10: 26-28.
3. **أحرق أو أزل** أي رموز غامضة: الأهرامات، أو العيون التي ترى كل شيء، أو البوصلات، أو المسلات، أو الحلقات، أو الأردية.
4. : **صلي بصوت عال**

أنتهك كل اتفاق خفي مع الجمعيات السرية، والطوائف النورانية، والأخويات الزائفة. أخدم الرب يسوع المسيح فقط.

تطبيق المجموعة

- اطلب من الأعضاء كتابة أي علاقات خفية معروفة أو مشتبه بها مع النخبة.
- القيام **بعمل رمزي لقطع العلاقات** - تمزيق الأوراق، أو حرق الصور، أو مسح جباههم كختم للانفصال.
- استخدم **المزمور الثاني** لإعلان كسر المؤامرات الوطنية والعائلية ضد مسيح الرب.

رؤية رئيسية

غالبًا ما يكون أشدّ قبضة الشيطان مُغطّاةً بالسرية والهيبة. تبدأ الحرية الحقيقية عندما تكشف، وتتخلى، وتُبدد تلك المذابح بالعبادة والحقيقة.

مجلة التأمل

- هل ورثت ثروة أو سلطة أو فرصًا أشعر أنها غير مناسبة من الناحية الروحية؟
- هل هناك صلات سرية في نسبي تجاهلتها؟

- ما الذي سيكلفني قطع الوصول غير الإلهي إلى السلطة - وهل أنا على استعداد لذلك؟

صلاة الخلاص

يا أبتِ، إني أخرج من كل محفلٍ ومذبحٍ وعهدٍ خفيّ - باسمي أو نيابةً عن نسلِي. أقطع كلَّ رباطٍ روحي، وكلَّ رابطِ دم، وكلَّ قَسَمٍ قُطع عن عمدٍ أو بغير عمد. يا يسوع، أنت نوري الوحيد، وحقيقتي الوحيدة، وغطائي الوحيد. لتحرق نارك كلَّ رابطٍ غيرِ صالحٍ بالسلطة أو النفوذ أو الخداع. أنالُ حريتي الكاملة باسم يسوع. آمين.

اليوم السابع والعشرون :التحالفات غير المقدسة ـ الماسونية، المتنورون، والتسلل الروحي

لا تتدخلوا في أعمال الظلمة الباطلة، بل بالحري وبِّخوها." — أفسس 5: 11"
لا تقدرون أن تشربوا كأس الرب وكأس الشياطين أيضًا." — 1 كورنثوس"
10: 21

هناك جمعيات سرية وشبكات عالمية تُقدّم نفسها كمنظمات أخوية بريئة ـ تُقدّم الصدقة والتواصل والتنوير. لكن وراء الستار تكمن عهود أعمق، وطقوس دموية، وروابط روحية، وطبقات من العقيدة الشيطانية مُغطّاة بـ"النور". الماسونية، والمتنورون، والنجم الشرقي، والجمجمة والعظام، وشبكاتها الشقيقة ليست مجرد نوادي اجتماعية، بل هي مذابح ولاء ـ بعضها يعود إلى قرون مضت ـ مصممة للتسلل روحيًا إلى العائلات والحكومات، وحتى الكنائس.

البصمة العالمية

- **أمريكا الشمالية وأوروبا** ـ معابد الماسونية، ومحافل الطقوس الاسكتلندية، ومتحف الجمجمة والعظام التابع لجامعة ييل.
- ،**أفريقيا** ـ المبادرات السياسية والملكية مع الطقوس الماسونية ومواثيق الدم للحماية أو السلطة.
- **آسيا** ـ مدارس الكابالا مقنعة بالتنوير الصوفي والطقوس الرهبانية السرية.
- **أمريكا اللاتينية** ـ أوامر النخبة المخفية، السانتيريا اندمجت مع نفوذ النخبة ومواثيق الدم.
- **الشرق الأوسط** ـ المجتمعات البابلية القديمة السرية المرتبطة بهياكل السلطة وعبادة النور الزائف.

:هذه الشبكات غالبا ما

- .تتطلب الدم أو اليمين القانونية
- .استخدم الرموز الغامضة (البوصلة، الأهرامات، العيون)
- .إجراء مراسم لاستدعاء أو تكريس روح الشخص لأمر ما

- منح النفوذ أو الثروة في مقابل السيطرة الروحية.

الشهادة – اعتراف الأسقف

اعترف أسقف في شرق أفريقيا أمام كنيسته بأنه انضمّ ذات مرة إلى الماسونية على مستوى متدنٍ خلال دراسته الجامعية - لمجرد "العلاقات". لكن مع ترقّيه في المناصب، بدأ يرى متطلبات غريبة: قسم الصمت، واحتفالات بعصابات على العينين ورموز، و"نور" جعل صلاته باردة. توقف عن الأحلام. لم يستطع قراءة الكتاب المقدس.
بعد التوبة والتنديد العلني بكل رتبة ونذر، انقشع الضباب الروحي. واليوم، يبشر بالمسيح بجرأة، كاشفًا عما شارك فيه سابقًا. كانت القيود خفية - حتى انكسرت.

خطة عمل - كسر نفوذ الماسونية والجمعيات السرية

1. **تحديد** أي مشاركة شخصية أو عائلية مع الماسونية، أو الوردية الصليبية، أو القبالة، أو الجمجمة والعظام، أو الأوامر السرية المماثلة.
2. **تخلَّ عن كل مستوى أو درجة من درجات البدء** ، من الأول إلى الثالث والثلاثين أو أعلى، بما في ذلك جميع الطقوس والرموز واليمين. (يمكنك العثور على تخلٍّ مُوجَّه للتحرر على الإنترنت.)
3. **صلي بسلطان** :
- أنهي كل رابط روحي، وكل عهد دم، وكل عهدٍ قطعته للجمعيات السرية سواءً مني أو نيابةً عني. أُعيد روحي ليسوع المسيح.
4. **تدمير العناصر الرمزية** : الشارات، والكتب، والشهادات، والخواتم، أو الصور المؤطرة.
5. **أعلن** الحرية باستخدام:
   - غلاطية 5: 1
   - المزمور 2: 1-6
   - إشعياء 28: 15-18

تطبيق المجموعة

- اطلب من المجموعة أن تغلق أعينها وتطلب من الروح القدس أن يكشف لها عن أي انتماءات سرية أو روابط عائلية.
- التخلي عن الشركات: قم بصلاة للتنديد بكل ارتباط معروف أو غير معروف بالأوامر النخبوية.

- استخدم الشركة لإغلاق الكسر وإعادة تنظيم العهود مع المسيح.
- مسح الرؤوس والأيدي - استعادة صفاء العقل والأعمال المقدسة.

رؤية رئيسية

ما يسميه العالم "نخبة"، قد يسميه الله رجسًا. ليس كل تأثير مقدسًا، وليس كل نور نورًا. لا وجود للسرية البريئة عندما يتعلق الأمر باليمين الروحية.

مجلة التأمل

- هل كنت جزءًا من أوامر سرية أو مجموعات تنوير صوفية أو كنت مهتمًا بها؟
- هل هناك دليل على العمى الروحي أو الركود أو البرودة في إيماني؟
- هل يجب علي أن أواجه تدخلات الأسرة بشجاعة ونعمة؟

صلاة الحرية

يا رب يسوع، أتقدم إليك كالنور الحقيقي الوحيد. أنكر كل قيد، وكل قسم، وكل نور زائف، وكل نظام خفي يدعي ملكيتي. أقطع الماسونية، والجمعيات السرية، والأخويات القديمة، وكل رابط روحي مرتبط بالظلام. أُعلن أنني تحت دم يسوع وحده - مختوم، مُخلّص، وحر. ليحرق روحك كل بقايا هذه العهود. باسم يسوع، آمين.

اليوم الثامن والعشرون :الكابالا، وشبكات الطاقة، وسحر "النور "الصوفي

لأن الشيطان نفسه يتنكر في صورة ملاك نور." — 2 كورنثوس 11: 14"
النور الذي فيك ظلام، فما أعمق هذا الظلام!" — لوقا 11: 35"

في عصرٍ مهووسٍ بالتنوير الروحي، ينغمس الكثيرون دون وعيٍ في ممارسات الكابالا القديمة، والشفاء بالطاقة، وتعاليم النور الصوفيةً المتجذرة في العقائد الخفية. غالبًا ما تُزيّف هذه التعاليم نفسها تحت ستار "التصوف المسيحي" أو "الحكمة اليهودية" أو "الروحانية القائمة على العلم" - مع أن أصلها بابل، وليس صهيون.

الكابالا ليست مجرد نظام فلسفي يهودي؛ إنها منظومة روحية مبنية على شفرات سرية، ونفحات إلهية (سيفروت)، ومسارات باطنية. إنها نفس الخداع المُغوي الكامن وراء التارو، وعلم الأعداد، وبوابات الأبراج، وشبكات العصر الجديد.

،يرتدي العديد من المشاهير والمؤثرين ورجال الأعمال خيوطًا حمراء ويتأملون باستخدام طاقة الكريستال، أو يتبعون الزوهار دون أن يعرفوا أنهم يشاركون في نظام غير مرئي من الاحتجاز الروحي.

التشابكات العالمية

- **أمريكا الشمالية** - مراكز الكابالا متخفية في شكل مساحات للعافية؛ تأملات الطاقة الموجهة.
- **أوروبا** - الكابالا الدرويدية والمسيحية الباطنية يتم تدريسها في أوامر سرية.
- **أفريقيا** - طقوس الرخاء التي تمزج بين الكتاب المقدس وعلم الأعداد وبوابات الطاقة.
- **آسيا** - تم تغيير اسم شفاء الشاكرا إلى "تنشيط الضوء" بما يتماشى مع الرموز العالمية.
- **أمريكا اللاتينية** - القديسون مختلطون مع رؤساء الملائكة الكاباليين في الكاثوليكية الصوفية.

هذا هو إغراء النور الكاذب - حيث تصبح المعرفة إلهًا ويصبح التنوير سجنًا.

"شهادة حقيقية – الهروب من "فخ النور

ماريسول، مدربة أعمال من أمريكا الجنوبية، ظنت أنها اكتشفت الحكمة الحقيقية من خلال علم الأعداد و"تدفق الطاقة الإلهية" من مرشد كابالي. أصبحت أحلامها واضحة، ورؤاها حادة. لكن سلامها؟ تلاشى. علاقاتها؟ انهارت.

وجدت نفسها تُعذبها كائنات غامضة في نومها، رغم صلواتها الخفيفة اليومية. أرسلت لها صديقة شهادة مصورة لمتصوفة سابقة التقت بيسوع. في تلك الليلة، نادت ماريسول بيسوع. رأت نورًا أبيض ساطعًا - ليس صوفيًا، بل نقيًا. عاد إليها السلام. تخلصت من كل ما تملك وبدأت رحلة التحرر. واليوم، تُدير منصة إرشادية متمركزة حول المسيح للنساء العالقات في شرك الخداع الروحي.

خطة العمل – نبذ التنوير الكاذب

1. **قم بمراجعة** تعرضك: هل قرأت كتبًا صوفية، أو مارست العلاج بالطاقة، أو تابعت الأبراج، أو ارتديت خيوطًا حمراء؟
2. **توبوا** عن البحث عن النور خارج المسيح.
3. **قطع العلاقات** مع:
   - تعاليم الكابالا/الزوهار
   - طب الطاقة أو تنشيط الضوء
   - استدعاءات الملائكة أو فك رموز الأسماء
   - الهندسة المقدسة، علم الأعداد، أو "الرموز"
4. **صلي بصوت عال**:

يا يسوع، أنت نور العالم. أنكر كل نور زائف، وكل تعليم خفي، وكل فخ غامض. أعود إليك كمصدري الوحيد للحقيقة!

5. **الكتاب المقدس يعلن**:
   - يوحنا 8: 12
   - تثنية 18: 10-12
   - إشعياء 2: 6
   - 2 كورنثوس 11: 13-15

تطبيق المجموعة

- اسأل: هل سبق لك (أو لعائلتك) المشاركة أو التعرض لتعاليم "العصر الجديد، أو علم الأعداد، أو الكابالا، أو تعاليم "النور الصوفية؟
- التخلي الجماعي عن النور الكاذب والتكريس من جديد ليسوع باعتباره النور الوحيد.

- استخدم صور الملح والنور - أعط كل مشارك قليلًا من الملح وشمعة ليعلن، "أنا ملح ونور في المسيح وحده".

رؤية رئيسية

ليس كل نور مقدسًا. ما ينير خارج المسيح سيُفنى في النهاية.

مجلة التأمل

- هل سعيت للحصول على المعرفة أو القوة أو الشفاء خارج كلمة الله؟
- ما هي الأدوات أو التعاليم الروحية التي أحتاج إلى التخلص منها؟
- هل هناك أي شخص قمت بتعريفه بممارسات العصر الجديد أو النور" وأحتاج الآن إلى إرشاده للعودة؟"

صلاة الخلاص

يا أبتِ، إنني أُوافِق كل روح نورٍ زائف، وتصوف، ومعرفةٍ سرية. أُنكر الكابالا، وعلم الأعداد، والهندسة المقدسة، وكلَّ رمزٍ مُظلمٍ يُظهِرُ نورًا. أُعلن أن يسوع هو نور حياتي. أبتعد عن درب الخداع وأدخل إلى الحق. طهّرني بنارك، واملأني بالروح القدس. باسم يسوع. آمين.

- اليوم التاسع والعشرون :حجاب المتنورين كشف شبكات النخبة الخفية

قام ملوك الأرض، واجتمع الرؤساء على الرب وعلى مسيحه." — مزمور" ٢: ٢
ليس من خفي إلا أن يُكشف، ولا من خفي إلا أن يُعلن." — لوقا ٨: ١٧"

.هناك عالمٌ داخل عالمنا، مخفيٌ عن أعيننا
من هوليوود إلى أقطاب المال، ومن أروقة السياسة إلى إمبراطوريات الموسيقى، تحكم شبكةٌ من التحالفات المظلمة والعقود الروحية أنظمةً تُشكّل الثقافة والفكر والسلطة. الأمر أكثر من مجرد مؤامرة، إنه تمردٌ قديمٌ أُعيدَ صياغته ليناسب العصر الحديث.
جماعة المتنورين، في جوهرها، ليست مجرد جمعية سرية، بل هي أجندة لوسيفرية. هرم روحي يتعهد فيه من هم في قمته بالولاء من خلال تبادل الدماء والطقوس والأرواح، وغالبًا ما يُغلف بالرموز والأزياء والثقافة الشعبية لتهذيب الجماهير.
.الأمر لا يتعلق بالجنون، بل بالوعي

قصة حقيقية – رحلة من الشهرة إلى الإيمان

كان ماركوس منتجًا موسيقيًا صاعدًا في الولايات المتحدة. عندما تصدرت أغنيته الناجحة الثالثة قوائم الأغاني، انضم إلى نادٍ خاص - رجال ونساء أقوياء، "مرشدون" روحانيون، وعقود غارقة في السرية. في البداية، بدا ،الأمر أشبه بإرشاد النخبة. ثم جاءت جلسات "الاستحضار" - غرف مظلمة ،أضواء حمراء، أناشيد، وطقوس مرآة. بدأ يختبر رحلات خارج الجسد .وأصوات تهمس له بالأغاني ليلًا
.في إحدى الليالي، وتحت تأثير المؤثرات العقلية والعذاب، حاول الانتحار لكن يسوع تدخل. ونجحت شفاعة جدته المُصلية. فهرب، ونبذ النظام، وبدأ رحلة تحرر طويلة. واليوم، يكشف ظلمة هذه الصناعة من خلال موسيقى .تشهد على النور

أنظمة التحكم الخفية

- **التضحيات الدموية والطقوس الجنسية** - يتطلب البدء في السلطة التبادل: الجسد، أو الدم، أو البراءة.
- تُستخدم في وسائل الإعلام - **(MK Ultra أنماط) برمجة العقل** والموسيقى والسياسة لإنشاء هويات ومشغلين متصدعين.
- **الرمزية** - عيون الهرم، والعنقاء، وأرضيات رقعة الشطرنج، والبوم، والنجوم المقلوبة - بوابات الولاء.
- **العقيدة اللوسيفرية** - "افعل ما تريد"، "كن إلهك الخاص"، "تنوير حامل النور".

خطة العمل – التحرر من شبكات النخبة

1. **التوبة** عن المشاركة في أي نظام مرتبط بالتمكين الغامض، حتى لو كان ذلك دون علم (الموسيقى، وسائل الإعلام، العقود).
2. **التخلي عن** الشهرة بأي ثمن، والعهود الخفية، أو الانبهار بأنماط الحياة النخبوية.
3. **صلِّ من أجل** كل عقد أو علامة تجارية أو شبكة تنتمي إليها. اطلب من الروح القدس أن يكشف الروابط الخفية.
4. **أعلن بصوت عال** :

أرفض كل نظام، وكل قسم، وكل رمز للظلام. أنا أنتمي إلى مملكة النور. روحي ليست للبيع!

5. **آيات المرساة** :
   - إشعياء 28: 15-18 – العهد مع الموت لا يصمد
   - المزمور الثاني – الله يضحك من المؤامرات الشريرة
   - كورنثوس 2: 6-8 - حكام هذا العصر لا يفهمون حكمة 1 الله

تطبيق المجموعة

- قيادة المجموعة في جلسة **تطهير الرموز** - إحضار الصور أو الشعارات التي قد يكون لدى المشاركين أسئلة عنها.
- شجع الأشخاص على مشاركة الأماكن التي رأوا فيها علامات Illuminati في الثقافة الشعبية، وكيف أثرت على آرائهم.
- ادعُ المشاركين إلى **إعادة توجيه تأثيرهم** (الموسيقى، والأزياء، ووسائل الإعلام) إلى هدف المسيح.

رؤية رئيسية
أقوى الخداع هو الذي يختبئ وراء البهرجة. لكن عندما يُنزع القناع، تتكسر القيود.

مجلة التأمل

- هل أنجذب إلى رموز أو حركات لا أفهمها بالكامل؟
- هل قمت بإتخاذ عهود أو إتفاقيات سعياً وراء النفوذ أو الشهرة؟
- ما هو الجزء من موهبتي أو منصتي الذي أحتاج إلى تسليمه مرة أخرى إلى الله؟

صلاة الحرية
يا أبتِ، إني أرفض كل بنية خفية، أو قسم، أو تأثير من المتنورين ونخبة السحر. أنكر الشهرة بدونك، والقوة بدون غاية، والمعرفة بدون الروح القدس. ألغي كل عهد دم أو كلمة عُقد عليّ، عن علم أو بغير علم. يا يسوع، إني أُوَجِّهك ربًا على عقلي ومواهبي ومصيري. اكشف ودمِّر كل قيد غير مرئي. باسمك أقوم، وأسير في النور. آمين.

،اليوم 30 :مدارس الغموض - أسرار قديمة عبودية حديثة

حناجرهم قبور مفتوحة، وألسنتهم تغش. سم الأفاعي على شفاههم. - رومية ٣: ١٣.
لا تسموا كل ما يسميه هذا الشعب مؤامرة، ولا تخافوا مما يخافونه... الرب القدير هو الذي يجب أن تقدسوه... - إشعياء ٨: ١٢-١٣

،قبل عصر المتنورين بوقت طويل، وُجدت مدارس الغموض القديمة - مصر بابل، اليونان، فارس - التي صُممت ليس فقط لنقل "المعرفة"، بل لإيقاظ القوى الخارقة للطبيعة من خلال طقوس مظلمة. واليوم، تُبعث هذه المدارس في جامعات النخبة، والخلوات الروحية، ومعسكرات "الوعي"، وحتى من خلال دورات تدريبية عبر الإنترنت تُقنع الناس بالتنمية الشخصية أو إيقاظ .الوعي العالي
من دوائر الكابالا إلى الثيوصوفية، والرهبنات الهرمسية، وعقيدة الوردية الصليبية، الهدف واحد: "أن نصبح كالآلهة"، أي أن نُوقظ القوى الكامنة دون الاستسلام لله. الترانيم الخفية، والهندسة المقدسة، والإسقاط النجمي، وفتح الغدة الصنوبرية، والطقوس الاحتفالية، كلها تُدخل الكثيرين في عبودية ."روحية تحت ستار "النور
.لكن كل نور لا ينبع من يسوع هو نور زائف. وكل قسم خفي يجب نقضه

قصة حقيقية - من خبير إلى مهجور
ساندرا*، مدربة عافية من جنوب أفريقيا، انضمت إلى طائفة مصرية غامضة من خلال برنامج إرشادي. شمل التدريب محاذاة الشاكرات، وتأملات الشمس، وطقوس القمر، ومخطوطات الحكمة القديمة. بدأت تعاني من "التحميل" و"الصعود"، لكن سرعان ما تحولت هذه المشاعر إلى نوبات .هلع، وشلل النوم، ومحاولات انتحار
عندما كشف خادمٌ للخلاص عن مصدرها، أدركت ساندرا أن روحها مقيدةٌ بالنذور والعقود الروحية. كان التخلي عن الرهبانية يعني فقدان الدخل والعلاقات، لكنها نالت حريتها. واليوم، تدير مركزًا للشفاء متمركزًا حول .المسيح، محذرةً الآخرين من خداع العصر الجديد

الخيوط المشتركة بين مدارس الغموض اليوم

- **دوائر الكابالا** – التصوف اليهودي الممزوج بعلم الأعداد، وعبادة الملائكة، والطائرات النجمية.
- **الهرمسية** – مبدأ "كما في الأعلى، كذلك في الأسفل"؛ تمكين الروح من التلاعب بالواقع.
- **الورديون الصليبيون** – أوامر سرية مرتبطة بالتحول الكيميائي وصعود الروح.
- **الماسونية والأخويات الباطنية** - تقدم متعدد الطبقات نحو النور الخفي؛ كل درجة مرتبطة باليمين والطقوس.
- **الخلوات الروحية** - طقوس "التنوير" المخدرة مع الشامان أو "المرشدين".

خطة العمل – كسر النير القديم

1. **التخلي عن** كل العهود التي تم قطعها من خلال المبادرات، أو الدورات، أو العقود الروحية خارج المسيح.
2. **ألغِ** قوة كل مصدر "نور" أو "طاقة" غير متجذر في الروح القدس.
3. **قمْ بتطهير** منزلك من الرموز: عنخس، عين حورس، الهندسة المقدسة، المذابح، البخور، التماثيل، أو كتب الطقوس.
4. **أعلن بصوت عال** :

أرفض كل سبيلٍ قديمٍ وحديثٍ إلى النور الزائف. أُسلِّمُ ليسوع المسيح، النور الحقيقي. كلُّ قسمٍ سريٍّ يُنقض بدمه.

الكتب المقدسة

- كولوسي 2: 8 – لا فلسفة جوفاء وخادعة
- يوحنا 1: 4-5 – النور الحقيقي يضيء في الظلمة
- كورنثوس 1: 19-20 – الله يدمر حكمة الحكماء 1

تطبيق المجموعة

- استضافة ليلة رمزية "حرق المخطوطات" (أعمال الرسل 19: 19) حيث يقوم أعضاء المجموعة بإحضار وتدمير أي كتب غامضة - أو مجوهرات أو أشياء.
- صلوا على الأشخاص الذين "حملوا" معرفة غريبة أو فتحوا شاكرات العين الثالثة من خلال التأمل.

- قم بتوجيه المشاركين خلال صلاة **"نقل الضوء"** - مطالبة الروح القدس بالاستيلاء على كل منطقة كانت في السابق مستسلمة للضوء الخفي.

رؤية رئيسية
لا يُخفي الله الحقيقة بالألغاز والطقوس، بل يكشفها من خلال ابنه. احذروا "النور" الذي يجذبكم إلى الظلمة.

مجلة التأمل
- هل انضممت إلى أي مدرسة عبر الإنترنت أو مدرسة مادية تعد بالحكمة القديمة أو التنشيط أو القوى الغامضة؟
- هل هناك كتب أو رموز أو طقوس كنت أعتقد في السابق أنها غير ضارة ولكني الآن أشعر بالإدانة تجاهها؟
- أين بحثت عن الخبرة الروحية أكثر من العلاقة مع الله؟

صلاة الخلاص
يا رب يسوع، أنت الطريق والحق والنور. أتوب عن كل طريق سلكته وتجاوزت كلمتك. أنكر كل المدارس السرية، والرهبانيات السرية، واليمين والطقوس. أقطع روابط روحي مع كل المرشدين والمعلمين والأرواح والأنظمة المتجذرة في الخداع القديم. أشرق بنورك في كل خبايا قلبي واملأني بحقيقة روحك. باسم يسوع، أسير حرًا. آمين.

اليوم الحادي والثلاثون :الكابالا، الهندسة المقدسة، وخداع النور النخبوي

لأن الشيطان نفسه يغيّر شكله إلى شبه ملاك نور." — 2 كورنثوس 11: 14"
الأمور السرية للرب إلهنا، أما الأمور المعلنة فهي لنا..." — تثنية 29: 29"

"في سعينا وراء المعرفة الروحية، يكمن خطرٌ ما - إغراء "الحكمة الخفية التي تعد بالقوة والنور والألوهية بعيدًا عن المسيح. من دوائر المشاهير إلى المحافل السرية، ومن الفن إلى العمارة، يشقّ نمطٌ من الخداع طريقه عبر ، العالم، جاذبًا الباحثين إلى شبكة **القبالة الباطنية** ، **والهندسة المقدسة والتعاليم الغامضة** .
هذه ليست استكشافات فكرية بريئة، بل هي مداخل إلى عهود روحية مع ملائكة ساقطين متنكرين في زي النور.

المظاهر العالمية

- **هوليوود وصناعة الموسيقى** – يرتدي العديد من المشاهير أساور الكابالا علناً أو يرسمون رموزاً مقدسة (مثل شجرة الحياة) تعود إلى التصوف اليهودي الغامض.
- **الأزياء والهندسة المعمارية** - يتم تضمين التصميمات الماسونية والأنماط الهندسية المقدسة (زهرة الحياة، السداسيات، عين حورس) في الملابس والمباني والفن الرقمي.
- ،**الشرق الأوسط وأوروبا** - تزدهر مراكز دراسة الكابالا بين النخب حيث تختلط التصوف غالبًا بعلم الأعداد وعلم التنجيم والاستدعاءات الملائكية.
- - **الدوائر الإلكترونية ودوائر العصر الجديد في جميع أنحاء العالم** "يوتيوب وتيك توك والبودكاست تعمل على تطبيع " رموز الضوء و"بوابات الطاقة" و"الاهتزازات 3-6-9" وتعاليم "المصفوفة الإلهية" القائمة على الهندسة المقدسة والأطر الكابالية.

قصة حقيقية - عندما يصبح الضوء كذبة

بدأت جانا، السويدية البالغة من العمر 27 عامًا، باستكشاف الكابالا بعد أن "اتبعت مغنيها المفضل الذي أرجع إليه الفضل في "صحوتها الإبداعية.

،اشترت سوارًا أحمر اللون، وبدأت بالتأمل باستخدام الماندالات الهندسية .ودرست أسماء الملائكة من النصوص العبرية القديمة

بدأت الأمور تتغير. أصبحت أحلامها غريبة. كانت تشعر بكائنات بجانبها في نومها، تهمس بالحكمة، ثم تطلب الدم. تتبعها الظلال، ومع ذلك كانت تتوق .إلى المزيد من النور

في النهاية، عثرت على فيديو تحرر على الإنترنت، فأدركت أن عذابها لم ،يكن صعودًا روحيًا، بل خداعًا روحيًا. بعد ستة أشهر من جلسات التحرر والصيام، وحرق كل ما يتعلق بالكابااليا في منزلها، بدأ السلام يعود إليها. وهي ."الآن تُحذّر الآخرين عبر مدونتها: "كاد النور الكاذب أن يُدمّرني

تمييز المسار

الكابالا، وإن كانت ترتدي أحيانًا ثيابًا دينية، ترفض يسوع المسيح باعتباره الطريق الوحيد إلى الله. غالبًا ما تُعلي من شأن **"الذات الإلهية"** ، وتشجع على **الاستنارة الروحية** والصعود **إلى شجرة الحياة** ، وتستخدم **التصوف الرياضي** لاستحضار القوة. هذه الممارسات تفتح **أبوابًا روحية** - ليس إلى .السماء، بل إلى كيانات متنكّرة في هيئة حاملي النور

:تتقاطع العديد من العقائد الكابالية مع

- الماسونية
- الوردية الصليبية
- الغنوصية
- طقوس التنوير اللوسيفرية

.القاسم المشترك هو السعي إلى الألوهية دون المسيح

خطة العمل - كشف وإخراج الضوء الكاذب

1. **التوبة** من كل تعامل مع علم الكابالا، أو علم الأعداد، أو الهندسة ."المقدسة، أو تعاليم "مدرسة الغموض
2. - **قم بتدمير الأشياء** الموجودة في منزلك المرتبطة بهذه الممارسات ،المندالات، والمذابح، ونصوص الكابالا، وشبكات الكريستال .والمجوهرات ذات الرموز المقدسة
3. ،**التخلي عن أرواح النور الكاذب** (على سبيل المثال، ميتاترون .رازييل، شيكينا في شكل صوفي) وأمر كل ملاك مزيف بالمغادرة
4. .**انغمس** في بساطة المسيح وكفايته (2 كورنثوس 11: 3)
5. **صم وادهن** عينيك وجبهتك ويديك، متخليًا عن كل الحكمة الكاذبة .ومعلنًا ولاءك لله وحده

تطبيق المجموعة

- شارك بأي لقاءات مع "التعاليم النورانية"، أو علم الأعداد، أو وسائل الإعلام الكابالا، أو الرموز المقدسة.
- "كمجموعة، قم بإدراج العبارات أو المعتقدات التي تبدو "روحية ولكنها تعارض المسيح (على سبيل المثال، "أنا إلهي"، "الكون "يوفر"، "وعي المسيح).
- امسح كل شخص بالزيت مع إعلان يوحنا 8: 12 - "يسوع هو نور العالم".
- ،أحرق أو تخلص من أي مواد أو أشياء تشير إلى الهندسة المقدسة "أو التصوف، أو "الرموز الإلهية".

رؤية رئيسية

لا يأتي الشيطان أولاً كمُدمِّر، بل غالبًا ما يأتي مُنيرًا، مُقدِّمًا معرفةً سريةً ونورًا زائفًا. لكن هذا النور لا يقود إلا إلى ظلمةٍ أعمق.

مجلة التأمل

- هل فتحت روحي لأي "نور روحي" تجاوز المسيح؟
- هل هناك رموز أو عبارات أو أشياء اعتقدت أنها غير ضارة ولكنني الآن أتعرف عليها على أنها بوابات؟
- هل رفعت الحكمة الشخصية فوق الحقيقة الكتابية؟

صلاة الخلاص

يا أبتِ، إني أنكر كلِ نورٍ زائف، وكل تعليمٍ باطني، وكل معرفةٍ سريةٍ حاصرت روحي. أُقرُّ بأن يسوع المسيح وحده هو نور العالم الحقيقي. أرفض الكابالا، والهندسة المقدسة، وعلم الأعداد، وكل تعاليم الشياطين. دع كل روحٍ زائفةٍ تُقتلع من حياتي. طهِّر عينيّ، وأفكاري، ومخيلتي، وروحي. أنا لك وحدك - روحًا ونفسًا وجسدًا. باسم يسوع. آمين.

اليوم 2 3 :روح الثعبان في الداخل - عندما يأتي الخلاص متأخرًا جدًا

عيونهم مملوءة زنياً... يُغوون النفوس غير الثابتة... اتبعوا طريق بلعام... الذي حُفظ له سواد الظلام إلى الأبد. ـــ ٢ بطرس ٢: ١٤-١٧
لا تضلوا! الله لا يُستهزأ به. الإنسان يحصد ما يزرعه.» ـــ غلاطية ٦: ٧»

هناك خدعة شيطانية تتظاهر بالتنوير. إنها تشفي، وتنشط، وتقوي - ولكن لفترة مؤقتة فقط. إنها تهمس بأسرار إلهية، وتفتح "عينك الثالثة"، وتطلق العنان للقوة في عمودك الفقري - ثم **تستعبدك في عذاب** .

. إنها **الكونداليني**

. روح **الثعبان**

.الروح القدس" الكاذبة للعصر الجديد"

بمجرد تنشيطها - من خلال اليوغا، أو التأمل، أو العقاقير المخدرة، أو الصدمات النفسية، أو الطقوس الخفية - تلتف هذه القوة حول قاعدة العمود الفقري وتتصاعد كالنار عبر الشاكرات. يعتقد الكثيرون أنها صحوة روحية. لكنها في الحقيقة **مس شيطاني** متخفي في صورة طاقة إلهية.

ولكن ماذا يحدث عندما **لا يختفي** ؟

"قصة حقيقية - "لا أستطيع إيقافها

ماريسا، شابة مسيحية من كندا، مارست "اليوغا المسيحية" قبل أن تُسلم حياتها للمسيح. أحبت مشاعر السلام، والاهتزازات، والرؤى النورانية. لكن بعد جلسة مكثفة شعرت فيها بـ"اشتعال" عمودها الفقري، فقدت الوعي ، واستيقظت عاجزة عن التنفس. في تلك الليلة، بدأ شيء ما **يُعكّر صفو نومها** .يُلوي جسدها، ويظهر في أحلامها على هيئة "يسوع"، لكنه يسخر منها نالت **الخلاص** خمس مرات. ستغادر الأرواح، لكنها ستعود. لا يزال عمودها الفقري يهتز. عيناها تبصران عالم الأرواح باستمرار. يتحرك جسدها لا إراديًا. على الرغم من الخلاص، كانت الآن تسير في جحيم لا يفهمه إلا القليل من المسيحيين. نجات روحها، لكن روحها انتُهكت ، **وتشققت، وتفتتت** .

العواقب التي لا يتحدث عنها أحد

- **العين الثالثة تبقى مفتوحة** : رؤى مستمرة، هلوسات، ضوضاء روحية، "ملائكة" تتكلم أكاذيب.

- ،**الجسم لا يتوقف عن الاهتزاز** : طاقة لا يمكن السيطرة عليها ضغط في الجمجمة، خفقان القلب.
- .**عذاب لا هوادة فيه** : حتى بعد أكثر من 10 جلسات تحرير
- .**العزلة** : لا يفهم القساوسة المشكلة. تتجاهل الكنائس المشكلة "يُصنّف الشخص بأنه "غير مستقر.
- **الخوف من الجحيم** : ليس بسبب الخطيئة، بل بسبب العذاب الذي يرفض أن ينتهي.

هل يمكن للمسيحيين أن يصلوا إلى نقطة اللاعودة؟

نعم، في هذه الحياة. قد **تخلص** ، لكنك ممزق لدرجة أن **روحك ستظل في عذاب حتى الموت** .

. هذا ليس تخويفًا، بل **تحذير نبوي**

أمثلة عالمية

- **أفريقيا** - أنبياء كذبة يطلقون نار الكونداليني أثناء الخدمات - الناس يتشنجون، أو يرغون، أو يضحكون، أو يزأرون.
- **آسيا** - أساتذة اليوغا يصعدون إلى "السيدهي" (الاستحواذ الشيطاني) ويطلقون عليه اسم وعي الله.
- **أوروبا/أمريكا الشمالية** - حركات نيوكاريزما تروج لـ"عوالم - المجد"، تنبح، تضحك، وتسقط بشكل لا يمكن السيطرة عليه وليس من الله.
- **أمريكا اللاتينية** - الصحوات الشامانية باستخدام الأياهواسكا (المخدرات النباتية) لفتح الأبواب الروحية التي لا يمكنهم إغلاقها.

خطة العمل - إذا ذهبت بعيدًا جدًا

1. ،**اعترف بالبوابة الدقيقة** : يوغا كونداليني، تأملات العين الثالثة كنائس العصر الجديد، المواد المخدرة، وما إلى ذلك.
2. **توقف عن ملاحقة التحرر** : بعض الأرواح تتعذب لفترة أطول عندما تستمر في تمكينها بالخوف.
3. ،**ثبت نفسك في الكتاب المقدس** يوميا - وخاصة المزمور 119 وإشعياء 61، ويوحنا 1. هذه الأشياء تجدد الروح.
4. **انضمّ إلى الجماعة** : ابحث عن مؤمن واحد على الأقلّ مملوء بالروح القدس لتسير معه. العزلة تُقوّي الشياطين.
5. **تخلَّ عن كل "الرؤية" الروحية، والنار، والمعرفة، والطاقة** - حتى لو كانت تشعر أنها مقدسة.

6. **اطلب الرحمة من الله** - ليس مرة واحدة. يوميًا. كل ساعة. ثابر. قد لا يزيلها الله فجأة، لكنه سيرحمك.

تطبيق المجموعة

- خُذْ وقتًا للتأمل الصامت. اسأل نفسك: هل سعيتُ وراء القوة الروحية بدلًا من الطهارة الروحية؟
- صلِّ على من يعانون من عذاب لا يلين. لا تعدهم بالحرية الفورية، بل وعدهم **بالتلمذة**.
- علّم الفرق بين **ثمار الروح** (غلاطية 5: 22-23) والمظاهر **الروحية** (الارتعاش، الحرارة، الرؤى).
- أحرق أو دمر كل شيء من العصر الجديد: رموز الشاكرا، البلورات، حصائر اليوغا، الكتب، الزيوت، "بطاقات يسوع".

رؤية رئيسية

هناك **خطٌّ** يُمكن تجاوزه - عندما تُصبح الروح بوابةً مفتوحةً ترفض الانغلاق. قد تُخلّص روحك... لكن قد يبقى جسدك ونفسك في عذابٍ إن دنسكَ نورٌ خفيّ.

مجلة التأمل

- هل سعيت يومًا إلى القوة أو النار أو الرؤية النبوية أكثر من القداسة والحقيقة؟
- هل فتحت الأبواب من خلال ممارسات العصر الجديد "المسيحية"؟
- هل أنا على استعداد **للسير يوميا** مع الله حتى لو استغرق التحرر الكامل سنوات؟

دعاء النجاة

يا أبتِ، أصرخ طالبًا الرحمة. أتخلى عن كل روح أفعى، وقوة كونداليني، وفتحة عين ثالثة، ونار زائفة، وتقليد للعصر الجديد لمسته. أُسلم روحي - مهما كانت مكسورة - إليك. يا يسوع، أنقذني ليس فقط من الخطيئة، بل من العذاب أيضًا. أغلق أبوابي. اشفِ عقلي. أغمض عيني. اسحق الأفعى في عمودي الفقري. أنتظرك، حتى في الألم. ولن أستسلم. باسم يسوع. آمين.

اليوم 33: روح الثعبان في الداخل ـ عندما يأتي الخلاص متأخرًا جدًا

عيونهم مملوءة زنياً... يُغوون النفوس غير الثابتة... اتبعوا طريق بلعام... الذي حُفظ له سواد الظلام إلى الأبد. — ٢ بطرس ٢: ١٤-١٧
«لا تضلوا! الله لا يُستهزأ به. الإنسان يحصد ما يزرعه.» — غلاطية ٦: ٧

هناك خدعة شيطانية تتظاهر بالتنوير. إنها تشفي، وتنشط، وتقوي ـ ولكن لفترة مؤقتة فقط. إنها تهمس بأسرار إلهية، وتفتح "عينك الثالثة"، وتطلق العنان للقوة في عمودك الفقري ـ ثم **تستعبدك في عذاب**.
. إنها **الكونداليني**
. روح **الثعبان**
."الروح القدس" الكاذبة للعصر الجديد.

بمجرد تنشيطها ـ من خلال اليوغا، أو التأمل، أو العقاقير المخدرة، أو الصدمات النفسية، أو الطقوس الخفية ـ تلتف هذه القوة حول قاعدة العمود الفقري وتتصاعد كالنار عبر الشاكرات. يعتقد الكثيرون أنها صحوة روحية لكنها في الحقيقة **مس شيطاني** متخفي في صورة طاقة إلهية.
ولكن ماذا يحدث عندما **لا يختفي** ؟

"قصة حقيقية ـ "لا أستطيع إيقافها

ماريسا، شابة مسيحية من كندا، مارست "اليوغا المسيحية" قبل أن تُسلم حياتها للمسيح. أحبت مشاعر السلام، والاهتزازات، والرؤى النورانية. لكن بعد جلسة مكثفة شعرت فيها بـ"اشتعال" عمودها الفقري، فقدت الوعي، واستيقظت عاجزة عن التنفس. في تلك الليلة، بدأ شيء ما **يُعكَّر صفو نومها** يُلوي جسدها، ويظهر في أحلامها على هيئة "يسوع"، لكنه يسخر منها. نالت **الخلاص** خمس مرات. ستغادر الأرواح، لكنها ستعود. لا يزال عمودها الفقري يهتز. عيناها تبصران عالم الأرواح باستمرار. يتحرك جسدها لا إراديًا. على الرغم من الخلاص، كانت الآن تسير في جحيم لا يفهمه إلا القليل من المسيحيين. نجات روحها، لكن روحها انتُهكت ، **وتشققت، وتفتتت**.

العواقب التي لا يتحدث عنها أحد

- **العين الثالثة تبقى مفتوحة** : رؤى مستمرة، هلوسات، ضوضاء روحية، "ملائكة" تتكلم أكاذيب.

- **الجسم لا يتوقف عن الاهتزاز**: طاقة لا يمكن السيطرة عليها، ضغط في الجمجمة، خفقان القلب.
- **عذاب لا هوادة فيه**: حتى بعد أكثر من 10 جلسات تحرير.
- **العزلة**: لا يفهم القساوسة المشكلة. تتجاهل الكنائس المشكلة. يُصنَّف الشخص بأنه "غير مستقر".
- **الخوف من الجحيم**: ليس بسبب الخطيئة، بل بسبب العذاب الذي يرفض أن ينتهي.

هل يمكن للمسيحيين أن يصلوا إلى نقطة اللاعودة؟
نعم، في هذه الحياة. قد **تخلص**، لكنك ممزق لدرجة أن روحك ستظل في **عذاب حتى الموت**.
هذا ليس تخويفًا، بل **تحذير نبوي**.

أمثلة عالمية
- **أفريقيا** ـ أنبياء كذبة يطلقون نار الكونداليني أثناء الخدمات ـ الناس يتشنجون، أو يرغون، أو يضحكون، أو يزأرون.
- **آسيا** ـ أساتذة اليوغا يصعدون إلى "السيدهي" (الاستحواذ الشيطاني) ويطلقون عليه اسم وعي الله.
- **أوروبا/أمريكا الشمالية** ـ حركات نيوكاريزما تروج لـ"عوالم المجد"، تنبح، تضحك، وتسقط بشكل لا يمكن السيطرة عليه ـ وليس من الله.
- **أمريكا اللاتينية** ـ الصحوات الشامانية باستخدام الأياهواسكا (المخدرات النباتية) لفتح الأبواب الروحية التي لا يمكنهم إغلاقها.

خطة العمل ـ إذا ذهبت بعيدًا جدًا
1. **اعترف بالبوابة الدقيقة**: يوغا كونداليني، تأملات العين الثالثة، كنائس العصر الجديد، المواد المخدرة، وما إلى ذلك.
2. **توقف عن ملاحقة التحرر**: بعض الأرواح تتعذب لفترة أطول عندما تستمر في تمكينها بالخوف.
3. **ثبت نفسك في الكتاب المقدس** يوميا ـ وخاصة المزمور 119 وإشعياء 61، ويوحنا 1. هذه الأشياء تجدد الروح.
4. **انضمَ إلى الجماعة**: ابحث عن مؤمن واحد على الأقلّ مملوء بالروح القدس لتسير معه. العزلة تُقوّي الشياطين.
5. **تخلَّ عن كل "الرؤية" الروحية، والنار، والمعرفة، والطاقة** ـ حتى لو كانت تشعر أنها مقدسة.

6. **اطلب الرحمة من الله** - ليس مرة واحدة. يوميًا. كل ساعة. ثابر. قد لا يزيلها الله فجأة، لكنه سيرحمك.

تطبيق المجموعة

- خُذْ وقتًا للتأمل الصامت. اسأل نفسك: هل سعيتُ وراء القوة الروحية بدلًا من الطهارة الروحية؟
- صلِّ على من يعانون من عذاب لا يلين. لا تعدهم بالحرية الفورية، بل وعدهم **بالتلمذة**.
- علّم الفرق بين **ثمار الروح** (غلاطية 5: 22-23) والمظاهر **الروحية** (الارتعاش، الحرارة، الرؤى).
- أحرق أو دمر كل شيء من العصر الجديد: رموز الشاكرا، البلورات، حصائر اليوغا، الكتب، الزيوت، "بطاقات يسوع".

رؤية رئيسية

هناك **خطٌّ** يُمكن تجاوزه - عندما تُصبح الروح بوابةً مفتوحةً ترفض الانغلاق. قد تُخلّص روحك... لكن قد يبقى جسدك ونفسك في عذابٍ إن دنسكَ نورٌ خفيّ.

مجلة التأمل

- هل سعيت يومًا إلى القوة أو النار أو الرؤية النبوية أكثر من القداسة والحقيقة؟
- هل فتحت الأبواب من خلال ممارسات العصر الجديد "المسيحية"؟
- هل أنا على استعداد **للسير يوميا** مع الله حتى لو استغرق التحرر الكامل سنوات؟

دعاء النجاة

يا أبتِ، أصرخ طالبًا الرحمة. أتخلى عن كل روح أفعى، وقوة كونداليني، وفتحة عين ثالثة، ونار زائفة، وتقليد للعصر الجديد لمسته. أُسلم روحي - مهما كانت مكسورة - إليك. يا يسوع، أنقذني ليس فقط من الخطيئة، بل من العذاب أيضًا. أغلق أبوابي. اشفِ عقلي. أغمض عيني. اسحق الأفعى في عمودي الفقري. أنتظرك، حتى في الألم. ولن أستسلم. باسم يسوع. آمين.

- اليوم 34 :الماسونيون، القوانين واللعنات عندما تتحول الأخوة إلى عبودية

لا تشتركوا في أعمال الظلمة غير المثمرة، بل بالحري وبخوها. — أفسس ٥: ١١
لا تقطعوا عهدًا معهم ولا مع آلهتهم.» — خروج ٢٣: ٣٢»

تُعِد الجمعيات السرية بالنجاح والتواصل والحكمة القديمة. تُقدّم **يمينًا وشهادات وأسرارًا** مُتوارثة "للصالحين". لكن ما لا يدركه معظم الناس هو أن هذه الجمعيات هي **مذابح عهد** ، غالبًا ما تُبنى على الدم والخداع والولاء .الشيطاني
من الماسونية إلى الكابالا، ومن الوردية إلى الجمجمة والعظام - هذه المنظمات ليست مجرد نوادي، بل هي **عقود روحية** ، مُصاغة في الظلام . ومختومة بطقوس **تلعن الأجيال**
.انضم بعضهم طوعًا، بينما كان للبعض الآخر أجدادٌ فعلوا ذلك
.على أي حال، تبقى اللعنة قائمة - حتى تُكسر

إرث مخفي - قصة جيسون

كان جيسون، المصرفي الناجح في الولايات المتحدة، يتمتع بكل مقومات النجاح - عائلة ثرية، ثروة، ونفوذ. لكن في الليل، كان يستيقظ مختنقًا، يرى أشخاصًا مُغطاة رؤوسهم، ويسمع تعاويذ في أحلامه. كان جده ماسونيًا من .الدرجة الثالثة والثلاثين، وكان جيسون لا يزال يرتدي الخاتم
،ذات مرة، ألقى مازحًا عهودًا ماسونية في مناسبة للنادي، لكن لحظة فعلها **غمره شعورٌ ما** . بدأ عقله ينهار. سمع أصواتًا. تركته زوجته. حاول إنهاء كل .شيء
في خلوة روحية، أدرك أحدهم الصلة الماسونية. بكى جيسون وهو **ينكر كل قسم** ، ويكسر الخاتم، ويخضع للخلاص لثلاث ساعات. في تلك الليلة، ولأول .مرة منذ سنوات، نام بسلام
شهادته؟
.لا تمزح مع المذابح السرية. إنها تتحدث - حتى تُسكتها باسم يسوع

الشبكة العالمية للإخوان المسلمين

- **أوروبا** ـ الماسونية راسخة في عالم الأعمال والسياسة والطوائف الكنسية.
- **أفريقيا** ـ المتنورون والجماعات السرية التي تقدم الثروة في مقابل الأرواح؛ الطوائف في الجامعات.
- **أمريكا اللاتينية** ـ التسلل اليسوعي والطقوس الماسونية المختلطة بالتصوف الكاثوليكي.
- **آسيا** ـ مدارس الغموض القديمة، وكهنوت المعابد المرتبط بيمين الأجيال.
- **أمريكا الشمالية** ـ النجمة الشرقية، الطقوس الاسكتلندية، الجمعيات الأخوية مثل الجمجمة والعظام، النخبة البوهيمية جروف.

غالبًا ما تستحضر هذه الطوائف "الله"، ولكن ليس **إله الكتاب المقدس** ـ فهم يشيرون إلى **المهندس العظيم**، وهي قوة غير شخصية مرتبطة **بنور لوسيفر**.

علامات تشير إلى إصابتك

- مرض مزمن لا يستطيع الأطباء تفسيره.
- الخوف من التقدم أو الخوف من الانفصال عن الأنظمة العائلية.
- أحلام حول الأردية، والطقوس، والأبواب السرية، والنزل، أو الاحتفالات الغريبة.
- الاكتئاب أو الجنون في الخط الذكوري.
- النساء يعانين من العقم، أو الإساءة، أو الخوف.

خطة عمل التحرير

1. **التخلي عن كل اليمين المعروفة** ـ خاصة إذا كنت أنت أو عائلتك جزءًا من الماسونية، أو الوردية الصليبية، أو النجمة الشرقية، أو "القبالة، أو أي "أخوة".
2. **اكسر كل درجة** ـ من المتدرب الداخل إلى الدرجة 33، حسب الاسم.
3. **قم بتدمير جميع الرموز** ـ الخواتم، والمآزر، والكتب، والمعلقات والشهادات، وما إلى ذلك.
4. **أغلق الباب** – روحياً وقانونياً – بالصلاة والإعلان.

استخدم هذه الآيات:
- "إشعياء 28: 18 - "سيُلغى عهدك مع الموت".
- "غلاطية 3: 13 - "المسيح افتدانا من لعنة الناموس".
- "حزقيال 13: 20-23 - "سأمزق حجابك وأحرر شعبي".

تطبيق المجموعة

- اسأل إذا كان أي عضو لديه آباء أو أجداد في الجمعيات السرية.
- قيادة **التخلي الموجه** من خلال جميع درجات الماسونية (يمكنك إنشاء نص مطبوع لهذا).
- استخدم أفعالًا رمزية - أحرق خاتمًا قديمًا أو ارسم صليبًا على الجبهة لإبطال "العين الثالثة" المفتوحة في الطقوس.
- صلِّ على العقول والرقاب والظهور - فهذه هي المواقع الشائعة للعبودية.

رؤية رئيسية

الأخوة بدون دم المسيح هي أخوة عبودية.

عليك أن تختار: عهدًا مع الإنسان أو عهدًا مع الله.

مجلة التأمل

- هل كان أحد من عائلتي متورطًا في الماسونية أو التصوف أو القسم السري؟
- هل قمت دون قصد بتلاوة أو تقليد عهود أو عقائد أو رموز مرتبطة بالجمعيات السرية؟
- هل أنا على استعداد لكسر التقاليد العائلية من أجل السير بشكل كامل في عهد الله؟

صلاة التخلي

يا أبتِ، باسم يسوع، أنبذ كل عهد أو قسم أو طقس مرتبط بالماسونية أو القبالة أو أي جمعية سرية في حياتي أو نسبي. أكسر كل درجة، كل كذبة، كل حق شيطاني مُنح لي من خلال طقوس أو رموز. أُعلن أن يسوع المسيح هو نوري الوحيد، ومهندسي الوحيد، وربي الوحيد. أنال الحرية الآن، باسم يسوع. آمين.

اليوم 35 :الساحرات في المقاعد - عندما يدخل الشر من خلال أبواب الكنيسة

لأن مثل هؤلاء رسلٌ دجالون، وفعلةٌ ماكرون، متنكرون في صورة رسل"
— ".المسيح. ولا عجب، لأن الشيطان نفسه يتنكر في صورة ملاك نور
كورنثوس الثانية ١١: ١٣-١٤
أنا أعرف أعمالك ومحبتك وإيمانك... ومع ذلك، لديّ هذا عليك: إنك تتسامح"
مع إيزابل التي تدّعي أنها نبية..." — رؤيا ٢: ١٩-٢٠

،أخطر ساحرة ليست تلك التي تطير ليلًا
. بل تلك التي **تجلس بجانبك في الكنيسة**
.لا يرتدون ثيابًا سوداء ولا يركبون المكانس
يقودون اجتماعات الصلاة. يغنون في فرق العبادة. يتنبأون بألسنة. يرعون
. الكنائس. ومع ذلك... فهم **حاملو الظلام**
.بعضهم يدرك تمامًا ما يفعلونه - يُرسَلون كقتلة روحيين
. والبعض الآخر ضحايا سحر أسلافهم أو تمردهم، ويستغلون مواهب **نجسة**

"الكنيسة كغطاء - قصة "مريم

كانت مريم خادمة خلاص مشهورة في كنيسة كبيرة بغرب أفريقيا. أمر
.صوتها الشياطين بالفرار، فسافر الناس عبر الأمم لينالوا مسحتها
لكن مريم كان لديها سر: في الليل، كانت تخرج من جسدها. كانت ترى منازل
."أعضاء الكنيسة، ونقاط ضعفهم، وسلالاتهم. ظنت أن هذا هو "النبوة
.ازدادت قوتها، لكن عذابها ازداد معها
.بدأت تسمع أصواتًا. لم تستطع النوم. هوجم أطفالها. هجرها زوجها
واعترفت أخيرًا: لقد تم "تنشيطها" عندما كانت طفلة على يد جدتها، وهي
.ساحرة قوية جعلتها تنام تحت بطانيات ملعونة
.ظننتُ أنني ممتلئٌ بالروح القدس. كان روحًا... لكن ليس قدوسًا
:لقد نجت من النجاة. لكن الحرب لم تتوقف. تقول
".لو لم أعترف، لكنت مت على المذبح في النار... في الكنيسة"

حالات عالمية للسحر الخفي في الكنيسة

- **أفريقيا** - الحسد الروحي. أنبياء يستخدمون العرافة والطقوس .وأرواح الماء. العديد من المذابح هي في الواقع بوابات

- **أوروبا** - وسطاء روحانيون متنكرون في صورة "مدربين روحيين". سحر مغلف بصبغة مسيحية العصر الجديد.
- **آسيا** - كاهنات المعابد يدخلن الكنائس لزرع اللعنات والمتحولين إلى مراقبين نجميين.
- **أمريكا اللاتينية** - السانتيريا - "القساوسة" الممارسون للطقوس الدينية الذين يبشرون بالخلاص ولكنهم يضحون بالدجاج في الليل.
- **أمريكا الشمالية** - السحرة المسيحيون الذين يدعون "يسوع والتارو"، ومعالجو الطاقة على مسارح الكنيسة، والقساوسة المشاركين في طقوس الماسونية.

علامات عمل السحر في الكنيسة
- جو ثقيل أو ارتباك أثناء العبادة.
- أحلام الثعابين أو الجنس أو الحيوانات بعد الخدمات.
- القيادة تقع في خطيئة أو فضيحة مفاجئة.
- "النبوءات" التي تتلاعب، أو تغوي، أو تخجل.
- أي شخص يقول "الله قال لي أنك زوجي/زوجتي".
- أجسام غريبة وجدت بالقرب من المنبر أو المذابح.

خطة عمل التحرير
1. **صلي من أجل التمييز** - اطلب من الروح القدس أن يكشف لك إذا كان هناك سحرة مخفيون في شركتك.
2. **اختبار كل روح** - حتى لو بدت روحية (1 يوحنا 4: 1)
3. **اكسر روابط الروح** - إذا صلي عليك شخص نجس، أو تنبأ لك، أو لمستك، **فانبذ ذلك**.
4. **صلي من أجل كنيستك** - أعلن نار الله لتكشف كل مذبح مخفي وخطيئة سرية، وعلة روحية.
5. **إذا كنت ضحية**، فاطلب المساعدة. لا تبقَ صامتًا أو وحيدًا.

تطبيق المجموعة
- اسأل أعضاء المجموعة: هل شعرت يومًا بعدم الارتياح أو الانتهاك الروحي أثناء خدمة الكنيسة؟
- قيادة **صلاة التطهير الجماعية** للشركة.
- امسح كل شخص وأعلن **جدار حماية روحي** حول العقول والمذابح والهدايا.

- قم بتعليم القادة كيفية **فحص المواهب** واختبار **الأرواح** قبل السماح للأشخاص بتولي أدوار مرئية.

رؤية رئيسية
ليس كل من يقول "يا رب، يا رب" من الرب.
فالكنيسة هي ساحة **المعركة الرئيسية** ضد التلوث الروحي، ولكنها أيضًا مكان الشفاء عندما يُعتزّ بالحق.

مجلة التأمل
- هل تلقيت صلوات أو توجيهات أو إرشادات من شخص حملت حياته ثمارًا غير مقدسة؟
- هل هناك أوقات شعرت فيها بأنني "غير طبيعي" بعد الذهاب إلى الكنيسة، ولكن تجاهلتها؟
- هل أنا مستعد لمواجهة السحر حتى لو ارتدى بدلة أو غنى على المسرح؟

صلاة التعرض والحرية
يا رب يسوع، أشكرك لأنك النور الحقيقي. أطلب منك الآن أن تكشف كل عامل خفي للظلام يعمل في حياتي ورفقتي أو حولهما. أنكر كل عطاء غير مقدس، أو نبوءة كاذبة، أو رابط روحي تلقيته من محتالين روحيين. طهّرني بدمك. نقّ مواهبي. احرس بواباتي. أحرق كل روح زائفة بنارك المقدسة. باسم يسوع. آمين.

اليوم 36 :تعاويذ مشفرة ـ عندما تصبح الأغاني والأزياء والأفلام بوابات

:لا تشترك في أعمال الظلمة غير المثمرة، بل بالحري وبِّخها. — أفسس ٥ ١١
لا تشترك في الخرافات والأوهام القديمة، بل درِّب نفسك على أن تكون» صالحًا.» — ١ تيموثاوس ٤: ٧

.ليست كل معركة تبدأ بتضحية دموية
.بعضها يبدأ بإيقاع .لحن
."كلمات آسرة تلتصق بروحك. أو **رمز** على ملابسك ظننته "رائعًا
.أو برنامج "غير ضار" تستمتع به بينما تبتسم الشياطين في الظلال
في عالمنا اليوم المتصل بشكل مفرط، يتم **تشفير السحر** ـ حيث يتم إخفاؤه في **العلن** من خلال وسائل الإعلام والموسيقى والأفلام والموضة.

"صوت مظلم ـ قصة حقيقية: "سماعات الرأس
إيليا، شاب أمريكي يبلغ من العمر سبعة عشر عامًا، بدأ يعاني من نوبات هلع وأرق وأحلام شيطانية. ظنّ والداه المسيحيان أن الأمر ناتج عن التوتر.
. ولكن خلال جلسة التحرير، أمر الروح القدس الفريق بالسؤال عن **موسيقاه**
اعترف قائلاً: "أستمع إلى موسيقى التراب ميتال. أعلم أنها مظلمة... لكنها ".تُشعرني بالقوة
. عندما عزف الفريق إحدى أغانيه المفضلة في الصلاة، حدث **تجلٍّ**
كانت الإيقاعات مُشفّرة بمقاطع **ترانيم** من طقوس غامضة. كشف الإخفاء ".العكسي عن عبارات مثل "أسلم روحك" و"لوسيفر يتكلم
.بعد أن حذف إيليا الموسيقى، وتاب، وتخلى عن الارتباط، عاد السلام
. دخلت الحرب من **مسامعه**

أنماط البرمجة العالمية

- "**أفريقيا** ـ أغاني أفروبيت مرتبطة بطقوس المال؛ إشارات "جوجو مخفية في كلمات الأغاني؛ ماركات أزياء تحمل رموز مملكة البحرية.
- **آسيا** ـ موسيقى البوب الكورية مع رسائل خفية جنسية وروحية؛ وشخصيات أنمي مشبعة بتقاليد الشياطين الشنتوية.

- **أمريكا اللاتينية** ـ موسيقى الريجيتون التي تدفع إلى ترانيم السانتيريا والتعاويذ المشفرة للخلف.
- **أوروبا** ـ بيوت الأزياء (غوتشي، بالنسياغا) تدمج الصور والطقوس الشيطانية في ثقافة عروض الأزياء.
- **أمريكا الشمالية** ـ أفلام هوليوود المشفرة بالسحر (مارفل، أفلام الرعب، أفلام "الضوء مقابل الظلام")؛ الرسوم المتحركة التي تستخدم إلقاء التعويذات كنوع من المتعة.

Common Entry Portals (and Their Spirit Assignments)

Media Type	Portal	Demonic Assignment
Music	Beats/samples from rituals	Torment, violence, rebellion
TV Series	Magic, lust, murder glorification	Desensitization, soul dulling
Fashion	Symbols (serpent, eye, goat, triangles)	Identity confusion, spiritual binding
Video Games	Sorcery, blood rites, avatars	Astral transfer, addiction, occult alignment
Social Media	Trends on "manifestation," crystals, spells	Sorcery normalization

خطة العمل ـ التمييز، إزالة السموم، الدفاع

1. **راجع قائمة تشغيلك، وخزانة ملابسك، وسجلّ مُشاهداتك**. ابحث عن محتوى غامض، أو شهواني، أو مُتمرد، أو عنيف.
2. **اطلب من الروح القدس أن يكشف** كل تأثير غير مقدس.
3. **احذف وأتلف**. لا تبع أو تتبرع. احرق أو تخلص من أي شيء شيطاني ـ ماديًا كان أو رقميًا.
4. **امسح أجهزتك**، وحجرتك، وآذانك. أعلنها مقدسة لمجد الله.

5. ،**استبدل بالحقيقة** : موسيقى العبادة، والأفلام التقية، والكتب وقراءات الكتاب المقدس التي تجدد عقلك.

تطبيق المجموعة

- أرشد الأعضاء في "جرد الوسائط". دع كل شخص يكتب العروض أو الأغاني أو العناصر التي يشتبه في أنها قد تكون بوابات.
- صلِّ على الهواتف وسماعات الرأس. امسحها بالزيت.
- مارسوا صيامًا جماعيًا للتخلص من السموم - من ٣ إلى ٧ أيام دون استخدام أي وسائل إعلامية، غذّوا أنفسكم فقط بكلمة الله، والعبادة والرفقة.
- إشهد بالنتائج في الاجتماع القادم.

رؤية رئيسية

لم تعد الشياطين بحاجة إلى ضريح لدخول منزلك. كل ما يحتاجونه هو موافقتك على التشغيل.

مجلة التأمل

- ما الذي شاهدته أو سمعته أو ارتديته والذي قد يكون بابًا مفتوحًا للقمع؟
- هل أنا على استعداد للتخلي عن ما يسليني إذا كان يستعبدني أيضًا؟
- هل قمت بتطبيع التمرد، والشهوة، والعنف، أو السخرية باسم الفن"؟"

صلاة التطهير

يا رب يسوع، أتقدم إليك طالبًا تطهيرًا روحيًا كاملًا. اكشف كل تعويذة مشفرة دخلت حياتي من خلال الموسيقى أو الموضة أو الألعاب أو وسائل الإعلام، أتوب عن مشاهدة أو ارتداء أو الاستماع إلى ما يُسيء إليك. اليوم أقطع روابط الروح. أطرد كل روح تمرد أو سحر أو شهوة أو ارتباك أو عذاب. طهّر عينيّ وأذنيّ وقلبي. الآن أُكرّس جسدي ووسائل الإعلام وخياراتي لك وحدك. باسم يسوع. آمين.

اليوم 37 :مذابح القوة الخفية ـ الماسونيون، والكابالا، والنخب الخفية

ثم أخذه إبليس إلى جبل عالٍ جدًا، وأراه جميع ممالك العالم وعظمتها، وقال له: «أعطيك هذا كله إن سجدت وسجدت لي». ـــ متى ٤: ٨-٩
لا تقدرون أن تشربوا كأس الرب وكأس الشياطين أيضًا؛ لا يمكنكم أن» تشتركوا في مائدة الرب ومائدة الشياطين معًا». ـــ ١ كورنثوس ١٠: ٢١

.هناك مذابح مخفية ليس في الكهوف، بل في قاعات الاجتماعات الأرواح لا توجد فقط في الغابات ـ ولكن في قاعات الحكومة، والأبراج "المالية، ومكتبات جامعة آيفي ليج، والملاذات المتخفية في شكل "كنائس.

: أهلاً بكم في عالم **النخبة من علماء الخفاء**
الماسونيون، والوردية الصليب، والقباليون، والرهبان اليسوعيون، والنجوم الشرقية، وكهنة لوسيفر المتخفون الذين **يُخفون إخلاصهم للشيطان وراء طقوس وسرية ورموز** . آلهتهم هي العقل والقوة والمعرفة القديمة، لكن **أرواحهم مُلزمة بالظلام** .

مخفي في مرأى من الجميع

- **الماسونية** بأنها جماعة من البنائين ـ ومع ذلك فإن درجاتها العليا تستحضر الكيانات الشيطانية، وتقسم يمين الموت، وتمجد لوسيفر "باعتباره "حامل النور.
- **الكابالا** بالوصول إلى الله بطريقة غامضة ـ لكنها تحل محل يهوه بمهارة من خلال خرائط الطاقة الكونية وعلم الأعداد.
- **إن التصوف اليسوعي** ، في أشكاله الفاسدة، يمزج في كثير من الأحيان بين الصور الكاثوليكية والتلاعب الروحي والسيطرة على أنظمة العالم.
- **هوليوود، والموضة، والمال، والسياسة،** كلها تحمل رسائل مشفرة، ورموزًا، **وطقوسًا عامة هي في الحقيقة خدمات عبادة للوسيفر** .

:ليس بالضرورة أن تكون مشهورًا لتتأثر. هذه الأنظمة **تلوث الدول** من خلال

- برمجة الوسائط
- الأنظمة التعليمية

- التسوية الدينية
- الاعتماد المالي
- طقوس متنكرة في صورة "مبادرات" أو "تعهدات" أو "صفقات علامات تجارية"

"قصة حقيقية - "النزل دمر نسبي"

سليمان (اسم مستعار)، رجل أعمال ناجح من المملكة المتحدة، انضم إلى محفل ماسوني للتواصل. ارتقى سريعًا، فاكتسب ثروةً ومكانةً مرموقة. لكنه بدأ أيضًا يعاني من كوابيس مُرعبة: رجالٌ مُتخفّون يستدعونه، وأقسام دموية وحيواناتٌ مُظلمة تُطارده. بدأت ابنته تُجرح نفسها، مُدّعيةً أن "وجودًا" دفعها إلى ذلك.

- في إحدى الليالي، رأى رجلاً في غرفته - نصف إنسان ونصف ابن آوى قال له: "أنت لي. لقد دُفع الثمن". لجأ إلى خدمة خلاص. استغرق الأمر **سبعة أشهر من التضحية والصيام وطقوس التقيؤ واستبدال كل رابط غامض** - قبل أن يحل السلام.

اكتشف لاحقًا أن جده كان ماسونيًا من الدرجة الثالثة والثلاثين، وأنه لم يكمل إرثه إلا دون علمه.

الوصول العالمي

- **أفريقيا** - جمعيات سرية بين حكام القبائل والقضاة والقساوسة يقسمون الولاء لأقسام الدم مقابل السلطة.
- **أوروبا** - فرسان مالطا، والمحافل المضيئة، والجامعات الباطنية النخبوية.
- **أمريكا الشمالية** - المؤسسات الماسونية بموجب معظم الوثائق التأسيسية، والهياكل القضائية، وحتى الكنائس.
- **آسيا** - عبادة التنين الخفي، والطوائف الأجدادية، والجماعات السياسية المتجذرة في الهجائن بين البوذية والشامانية.
- **أمريكا اللاتينية** - الطوائف التوفيقية التي تمزج القديسين الكاثوليك مع الأرواح الشيطانية مثل سانتا مويرتي أو بافوميت.

خطة العمل - الهروب من مذابح النخبة

1. **التخلي عن** أي تورط في الماسونية، أو النجم الشرقي، أو قسم اليسوعيين، أو الكتب الغنوصية، أو الأنظمة الصوفية - حتى الدراسة "الأكاديمية" لمثل هذه الأمور.
2. **تدمير** الشعارات، والخواتم، والدبابيس، والكتب، والمآزر، والصور، والرموز.

3. **اكسر لعنات الكلام** - وخاصةً يمين الموت ونذور التنشئة. استخدم إشعياء ٢٨: ١٨ ("سيُلغى عهدك مع الموت...").
4. **صوم ثلاثة أيام** أثناء قراءة حزقيال 8، وإشعياء 47، ورؤيا يوحنا 17.
5. **استبدل المذبح**: أعد تكريس نفسك لمذبح المسيح وحده (رومية ١٢ :١-٢). التناول. العبادة. المسحة.

لا يمكنك أن تكون في ساحات السماء وساحات لوسيفر في آنٍ واحد. اختر مذبحك.

تطبيق المجموعة

- قم بإعداد خريطة للمنظمات النخبوية الشائعة في منطقتك - وصلي بشكل مباشر ضد تأثيرها الروحي.
- عقد جلسة حيث يمكن للأعضاء الاعتراف بسرية تامة إذا كانت عائلاتهم متورطة في الماسونية أو الطوائف المماثلة.
- احضروا الزيت والتناول - قودوا تخليًا جماعيًا عن القسم والطقوس والأختام التي تم إجراؤها سرًا.
- حطم الكبرياء - ذكّر المجموعة: **لا يوجد وصول يستحق روحك.**

رؤية رئيسية

الجمعيات السرية تعد بالنور. لكن يسوع وحده نور العالم. كل مذبح آخر يطلب الدم، لكنه لا يخلص.

مجلة التأمل

- "هل كان أي شخص من نسلّي متورطًا في جمعيات أو "أوامر سرية؟
- هل قرأت أو امتلكت كتبًا غامضة مقنعة على أنها نصوص أكاديمية؟
- ،ما هي الرموز (الخماسيات، العيون التي ترى كل شيء، الشمس الثعابين، الأهرامات) المخفية في ملابسي، أو فني، أو مجوهراتي؟

صلاة التخلي

يا أبتِ، إني أنكر كل جمعية سرية، أو محفل، أو قسم، أو طقس، أو مذبح لم يُؤسس على يسوع المسيح. أنقض عهود آبائي، وسلالي، وفمي. أرفض الماسونية، والقبالة، والتصوف، وكل عهد خفي عُقد من أجل السلطة. أُدمر كل رمز، وكل ختم، وكل كذبة وعدت بالنور لكنها خلّفت عبودية. يا يسوع، إني أُكرّسك من جديد سيدي الوحيد. أشرق بنورك في كل مكان سري. باسمك أسير حرًا. آمين.

اليوم 38: عهود الرحم وممالك الماء ـ عندما يُدنّس القدر قبل الولادة

— "الأشرار انحرفوا من الرحم، ضلوا منذ ولادتهم، يتكلمون بالكذب".
مزمور 58: 3
— "...قبل أن أشكلك في البطن عرفتك، وقبل أن تخرج من الرحم قدستك"
إرميا 1: 5

ماذا لو أن المعارك التي تخوضها لم تبدأ بخياراتك ـ بل بتصورك؟
ماذا لو تم نطق اسمك في الأماكن المظلمة أثناء وجودك في الرحم؟

ماذا لو **تم تبادل هويتك** ، و**بيع مصيرك** ، و**توقيع روحك** ـ قبل أن تأخذ أنفاسك الأولى؟
هذه هي حقيقة **البدء تحت الماء** ، و**عهود الروح البحرية** ، و**مطالبات الرحم الغامضة** التي **تربط الأجيال** ، وخاصة في المناطق ذات الطقوس الأجدادية والساحلية العميقة.

مملكة الماء ـ عرش الشيطان في الأسفل
في عالم الغيب، **لا يقتصر سلطان الشيطان على الهواء فحسب** ، بل يتعداه إلى **عالم البحار** ، شبكة شيطانية شاسعة من الأرواح والمذابح والطقوس تحت المحيطات والأنهار والبحيرات.
الأرواح البحرية (المعروفة عادةً باسم مامي واتا ، ملكة الساحل ، زوجات/أزواج الأرواح ، إلخ) مسؤولة عن:

- الموت المبكر
- العقم والإجهاض
- العبودية الجنسية والأحلام
- عذاب عقلي
- الأمراض عند الأطفال حديثي الولادة
- أنماط صعود وانهيار الأعمال

ولكن كيف تحصل هذه الأرواح على **أرضية قانونية** ؟
في الرحم.

المبادرات غير المرئية قبل الولادة

- **الإهداءات العائلية** ـ الطفل "الموعود" لإله إذا ولد بصحة جيدة
- **كاهنات غامضات** يلمسن الرحم أثناء الحمل

- **أسماء العهد** التي أطلقتها العائلة - تكريمًا لملكات البحارة أو الأرواح دون علمهم.
- **طقوس الولادة** تتم باستخدام مياه النهر، أو التعويذات، أو الأعشاب من الأضرحة.
- **دفن الحبل السري** مع التعاويذ.
- **الحمل في البيئات الغامضة** (على سبيل المثال، المحافل الماسونية، ومراكز العصر الجديد، والطوائف المتعددة الزوجات).

- يولد بعض الأطفال مستعبدين. لهذا السبب يصرخون بعنف عند الولادة أرواحهم تستشعر الظلام.

قصة حقيقية - "طفلي كان ينتمي إلى النهر"

جيسيكا، من سيراليون، كانت تحاول الحمل لخمس سنوات. أخيرًا، حملت بعد أن أعطاها "نبي" صابونًا للاستحمام وزيتًا لتدليك رحمها. وُلد الطفل قويًا، لكن في عمر ثلاثة أشهر، بدأ يبكي بلا انقطاع، دائمًا في الليل. كان يكره الماء، ويصرخ أثناء الاستحمام، ويرتجف بشدة عند الاقتراب من النهر.

في أحد الأيام، تشنج ابنها ومات لمدة أربع دقائق. ثم عاد إلى الحياة **وبدأ يتكلم بكامل قواه وهو في التاسعة من عمره** : "أنا لا أنتمي إلى هنا. أنا ملك للملكة".

فزعت جيسيكا، فطلبت النجاة. لم يُطلق سراح الطفل إلا بعد أربعة عشر يومًا من الصيام والدعاء بالاستغفار - فاضطر زوجها إلى تدمير تمثال عائلي كان مخبأً في قريته قبل أن يتوقف عذابه.

لا يولد الأطفال فارغين، بل يولدون في معارك يجب أن نخوضها من أجلهم.

المتوازيات العالمية

- **أفريقيا** - مذابح النهر، وتكريسات مامي واتا، وطقوس المشيمة.
- **آسيا** - أرواح الماء التي يتم استدعاؤها أثناء الولادات البوذية أو الروحانية.
- **أوروبا** - عهود القابلات الدرويديات، طقوس المياه الأجدادية، التكريسات الماسونية.
- **أمريكا اللاتينية** - تسمية السانتيريا، أرواح الأنهار (على سبيل المثال، أوشون)، الولادة بموجب مخططات علم التنجيم.

- **أمريكا الشمالية** - طقوس الولادة في العصر الجديد، والولادة "بالتنويم المغناطيسي مع المرشدين الروحيين، و"طقوس البركة التي يقوم بها الوسطاء.

علامات العبودية التي يبدأها الرحم

- أنماط الإجهاض المتكررة عبر الأجيال
- الكوابيس الليلية عند الرضع والأطفال
- العقم غير المبرر على الرغم من الموافقة الطبية
- أحلام الماء المستمرة (المحيطات، الفيضانات، السباحة، حوريات البحر)
- الخوف غير العقلاني من الماء أو الغرق
- الشعور بـ "المطالبة" - كما لو كان هناك شيء يراقب منذ الولادة

خطة العمل - كسر عهد الرحم

1. **اطلب من الروح القدس** أن يكشف لك ما إذا كنت (أو طفلك) قد تلقيت البدء من خلال طقوس الرحم.
2. **التخلي عن** أي عهد تم قطعه أثناء الحمل - بوعي أو بغير وعي.
3. **صلِّ بشأن قصة ميلادك** - حتى لو كانت والدتك غير متاحة، تحدث باعتبارك الحارس الروحي الشرعي لحياتك.
4. **صوموا مع إشعياء 49 والمزمور 139** – لاستعادة مخططكم الإلهي.
5. **إذا كنت حاملاً** : ادهني بطنك وتحدثي يوميًا عن طفلك الذي لم يولد بعد:

أنتم مُخصَّصون للرب. لا روح ماء ولا دم ولا ظلام ستمتلككم. أنتم ملكٌ ليسوع المسيح - جسدًا ونفسًا وروحًا.

تطبيق المجموعة

- اطلب من المشاركين كتابة ما يعرفونه عن قصة ولادتهم - بما في ذلك الطقوس، أو القابلات، أو أحداث التسمية.
- شجع الآباء على تكريس أطفالهم من جديد في "خدمة التسمية والعهد التي تركز على المسيح".
- قيادة الصلاة لكسر عهود المياه باستخدام إشعياء 28: 18 ، كولوسي 2: 14 ، 11: 12 ورؤيا .

رؤية رئيسية

الرحم بوابة، ومن يمرّ منها غالبًا ما يدخل حاملًا معه أعباءً روحية. لكن لا مذبح للرحم أعظم من الصليب.

مجلة التأمل

- هل كانت هناك أي أشياء أو زيوت أو تعويذات أو أسماء مرتبطة بحملي أو ولادتي؟
- هل أعاني من هجمات روحية بدأت في الطفولة؟
- هل قمت دون علمي بنقل العهود البحرية إلى أطفالي؟

صلاة التحرير

يا أبانا السماوي، لقد عرفتني قبل أن أُخلق. اليوم، أكسر كل عهدٍ خفي وطقوسٍ مائية، وتكريسٍ شيطانيٍّ أُجريَ عند ولادتي أو قبلها. أرفض كل ادعاءٍ بوجود أرواحٍ بحرية، أو أرواحٍ مألوفة، أو مذابح أرحامٍ متوارثة. دع دم يسوع يُعيد كتابة قصة ميلادي وقصة أبنائي. أنا مولودٌ من الروح القدس، لا من مذابح الماء. باسم يسوع. آمين.

- اليوم 39 :المعمودية بالماء في العبودية كيف يفتح الأطفال والأحرف الأولى والعهود غير المرئية الأبواب

سفكوا دمًا بريئًا، دم أبنائهم وبناتهم الذين ذبحوهم لأصنام كنعان، فتدنست الأرض بدمائهم. — مزمور ١٠٦: ٣٨

أَيُؤخذ الغنيمة من المحاربين، أو يُنتَزَف الأسرى من الضاربين؟» لكن هذا ما» يقوله الرب: «نعم، يُؤخذ الأسرى من المحاربين، وتُسترد الغنيمة من الضاربين...» — إشعياء ٤٩: ٢٤_٢٥

لم **تنحرف العديد من المصائر في مرحلة البلوغ فحسب** ، بل تعرضت **للاختطاف في مرحلة الطفولة** .

...تلك مراسم التسمية البريئة ظاهريًا

...تلك الغطسة العفوية في مياه النهر "لتبارك الطفل"... العملة المعدنية في اليد الجرح تحت اللسان... زيت "الجدة الروحية"... حتى الأحرف الأولى التي ...أعطيت عند الولادة

.قد تبدو جميعها ثقافية، تقليدية، وغير ضارة

لكن مملكة الظلام **تختبئ في التقاليد** ، وقد تم **تطبيق التقاليد سراً على العديد من الأطفال** قبل أن يتمكنوا من قول "يسوع".

"قصة حقيقية - "لقد سمّيت بالنهر

في هايتي، نشأ صبي يُدعى مالك يعاني من خوف غريب من الأنهار والعواصف. في طفولته، أخذته جدته إلى جدول ماء ليتعرف على الأرواح طلبًا للحماية. بدأ يسمع أصواتًا في سن السابعة. في سن العاشرة، كان يتلقى زيارات ليلية. في سن الرابعة عشرة، حاول الانتحار بعد أن شعر بوجود .روح دائمة بجانبه

في اجتماع تحرير، تجلّت الشياطين بعنف، صارخةً: "دخلنا النهر! دُعينا بأسمائنا!". كان اسمه "مالك" جزءًا من تقليد تسمية روحي "التكريم ملكة النهر". حتى أُعيدت تسميته في المسيح، استمرّ عذابه. وهو الآن يخدم في .تحرير الشباب المتورطين في تكريسات أسلافهم

كيف يحدث ذلك - الفخاخ الخفية

1. **الأحرف الأولى كمواثيق**
بعض الأحرف الأولى، وخاصة تلك المرتبطة بأسماء الأجداد، أو آلهة العائلة، أو آلهة المياه (على سبيل المثال "MM" = Mami/Marine؛ "OL" = Oya/Orisha Lineage)، تعمل كتوقيعات شيطانية.
2. **غطسات الأطفال في الأنهار/الجداول**
تتم "للحماية" أو "التطهير"، وغالبًا ما تكون هذه **المعموديات في الأرواح البحرية**.
3. **مراسم التسمية السرية**
حيث يتم الهمس باسم آخر (مختلف عن الاسم العام) أو التحدث به أمام مذبح أو ضريح.
4. **طقوس علامة الولادة**
"الزيوت أو الرماد أو الدم توضع على الجبين أو الأطراف "لتمييز الطفل بحثًا عن الأرواح.
5. **دفن الحبل السري المغذي بالماء**
يتم إسقاط الحبال السرية في الأنهار أو الجداول أو دفنها مع تعويذات مائية - ربط الطفل بمذابح المياه.

إذا لم يعهد إليك والداك بالمسيح، فمن المحتمل أن شخصًا آخر ادعى ملكيتك.

ممارسات ربط الرحم الخفية العالمية

- **أفريقيا** - تسمية الأطفال على اسم آلهة النهر، ودفن الحبال بالقرب من المذابح البحرية.
- **منطقة البحر الكاريبي/أمريكا اللاتينية** - طقوس معمودية السانتيريا، والتكريس على الطريقة اليوروبا باستخدام الأعشاب والأشياء النهرية.
- **آسيا** - طقوس هندوسية تتعلق بمياه نهر الجانج، وتسميات فلكية مرتبطة بالأرواح العنصرية.
- **أوروبا** - تقاليد التسمية الدرويدية أو الباطنية التي تستحضر حراس الغابات/المياه.
- **أمريكا الشمالية** - طقوس التكريس الأصلية، وبركات الأطفال الويكا الحديثة، واحتفالات التسمية في العصر الجديد التي تستحضر "المرشدين القدامى".

كيف أعرف؟

- عذاب الطفولة المبكرة غير المبرر، أو الأمراض، أو "الأصدقاء الخياليون"
- أحلام الأنهار، حوريات البحر، مطاردة المياه
- النفور من الكنائس ولكن الانجذاب إلى الأشياء الصوفية
- شعور عميق بأن أحدًا ما "يتبعك" أو يراقبك منذ الولادة
- اكتشاف اسم ثانٍ أو احتفال غير معروف مرتبط بطفولتك

خطة العمل – استعادة الطفولة

1. **اسأل الروح القدس** : ماذا حدث عندما وُلدت؟ ما هي الأيدي الروحية التي لمستتني؟
2. **التخلي عن كل التكريسات الخفية** ، حتى لو تم ذلك عن جهل: "أرفض أي عهد تم إجراؤه نيابة عني ولم يكن للرب يسوع المسيح".
3. **قطع العلاقات مع أسماء الأجداد، والأحرف الأولى، والرموز** .
4. **استخدم إشعياء 49: 24-26، كولوسي 2: 14، و 2 كورنثوس 5 17**: للإعلان عن هويتك في المسيح.
5. إذا لزم الأمر، **قم بإقامة حفل إعادة تكريس** - قدم نفسك (أو أطفالك) إلى الله من جديد، وأعلن أسماء جديدة إذا تم توجيهك.

تطبيق المجموعة

- اطلب من المشاركين البحث عن قصة أسمائهم.
- إنشاء مساحة لإعادة التسمية الروحية إذا قُدِّم ذلك - اسمح للناس بالمطالبة بأسماء مثل "ديفيد" أو "إستير" أو هويات يقودها الروح.
- قيادة المجموعة في معمودية رمزية جديدة للتكريس - ليس الغمر بالماء، ولكن المسحة والعهد القائم على الكلمة مع المسيح.
- اطلب من الوالدين أن يكسروا عهودهم تجاه أبنائهم بالصلاة: "أنت تنتمي إلى يسوع - لا يوجد روح أو نهر أو رابط أجداد له أي أساس قانوني".

رؤية رئيسية

بدايتك مهمة، لكن ليس بالضرورة أن تُحدد نهايتك. كل مطالبة نهرية يُمكن أن تُكسر بنهر دم يسوع.

مجلة التأمل

- ما هي الأسماء أو الأحرف الأولى التي أعطيت لي، وماذا تعني؟
- هل كانت هناك طقوس سرية أو ثقافية تمت عند ولادتي وأحتاج إلى التخلي عنها؟
- هل كرّست حياتي حقًا - جسدي، روحي، اسمي، وهويتي - للرب يسوع المسيح؟

صلاة الفداء

يا أبانا الإله، أتقدم إليك باسم يسوع. أنكر كل عهدٍ وتكريسٍ وطقوسٍ أُجريت عند ولادتي. أرفض كل تسميةٍ أو طقوسٍ لتلقّي الماء أو ادعاءٍ بالنسب سواءً بالأحرف الأولى أو التسمية أو المذابح الخفية، أُلغي كل حقٍّ شيطانيٍّ في حياتي. أُعلن الآن أنني لكَ تمامًا. اسمي مكتوبٌ في سفر الحياة. ماضيّ مُغطّى بدم يسوع، وهويتي مختومةٌ بالروح القدس. آمين.

ـ اليوم الأربعون :من المُسلَّم إلى المُخلِّص
ألمك هو تدبيرك

:لكن الشعب الذي يعرف إلهه يقوى ويصنع أعمالاً عظيمة." ــــ دانيال ١١" ٣٢
ثم أقام الرب قضاةً أنقذوهم من أيدي هؤلاء الغزاة." ــــ قضاة ٢: ١٦"

.لم تُخلَّص لتجلس بهدوء في الكنيسة
. لم تُحرَّر لمجرد البقاء. بل خُلِّصتَ **لتُخلِّص الآخرين**
يسوع نفسه الذي شفى المجنون في مرقس ٥ أعاده إلى المدن العشر ليروي .القصة. لا معهد ديني، ولا رسامة، بل **شهادة حارقة** وفم مشتعل
.أنت ذلك الرجل. تلك المرأة. تلك العائلة. تلك الأمة
.الألم الذي عانيته هو سلاحك الآن
العذاب الذي نجوت منه هو بوقك. ما كان يقيدك في الظلام أصبح الآن **.مسرحًا لسيطرتك**

قصة حقيقية ـ من عروس بحرية إلى وزيرة تحرير

ريبيكا، من الكاميرون، كانت عروسًا سابقة لروح بحرية. تلقّت تعليمها في ،الثامنة من عمرها خلال حفل تسمية ساحلي. وفي السادسة عشرة من عمرها كانت تمارس الجنس في الأحلام، وتتحكم بالرجال بعينيها، وتسببت في ."طلاقات متكررة باستخدام السحر. عُرفت باسم "اللعنة الجميلة
عندما تعرّفت على الإنجيل في الجامعة، ثارت شيطانيتها. استغرق الأمر ستة .أشهر من الصيام والتحرر والتلمذة العميقة قبل أن تتحرر
تُقيم اليوم مؤتمراتٍ لتحرير النساء في جميع أنحاء أفريقيا. وقد تحررت .الآلاف بفضل طاعتها
ماذا لو ظلت صامتة؟

الصعود الرسولي ـ ولادة مُخلِّصين عالميين

- .**في أفريقيا** ، يقوم السحرة السابقون الآن بزراعة الكنائس
- .**في آسيا** ، يبشر البوذيون السابقون بالمسيح في بيوت سرية
- **في أمريكا اللاتينية** ، يقوم كهنة السانتيريا السابقون الآن بتحطيم .المذابح

- **في أوروبا** ، يقوم علماء السحر السابقون بإجراء دراسات تفسيرية للكتاب المقدس عبر الإنترنت.
- **في أمريكا الشمالية** ، الناجون من خداع العصر الجديد يقودون أسبوعيًا Zoom عملية التحرر عبر.

إنهم **من غير المحتملين** ، المنكسرين، العبيد السابقين للظلام الذين يسيرون الآن في النور - **وأنت واحد منهم** .

خطة العمل النهائية - انضم إلى مكالمتك

1. **اكتب شهادتك** - حتى لو لم تكن مؤثرة. هناك من يحتاج إلى قصتك عن الحرية.
2. **ابدأ بخطوات صغيرة** - صلِّ من أجل صديق. استضف درسًا للكتاب المقدس. شارك رحلة خلاصك.
3. **لا تتوقف أبدًا عن التعلم** - يظل المخلصون في الكلمة، ويبقون تائبين، ويبقون متيقظين.
4. **قم بتغطية عائلتك** - أعلن يوميًا أن الظلام سيتوقف معك ومع أطفالك.
5. **أعلنوا مناطق حرب روحية** - مكان عملكم، منزلكم، شارعكم. كُنوا بوابتها.

تكليف المجموعة

اليوم ليس مجرد عبادة، بل هو **حفل تكليف** .

- ادهنوا رؤوس بعضكم البعض بالزيت وقولوا:

لقد أُطلِقَتْ لتُطهِّرَ. قُمْ يا قاضي الله.

- أعلن بصوت عالٍ كمجموعة:

لم نعد ناجين. نحن محاربون. نحمل النور، والظلام يرتجف.

- تعيين أزواج الصلاة أو شركاء المساءلة لمواصلة النمو في الجرأة والتأثير.

رؤية رئيسية

أعظم انتقام من مملكة الظلام ليس الحرية فحسب،
بل التكاثر أيضًا.

مجلة التأمل النهائي

- متى كانت اللحظة التي عرفت فيها أنني انتقلت من الظلمة إلى النور؟

- من يحتاج لسماع قصتي؟
- من أين يمكنني أن أبدأ في تسليط الضوء عمداً هذا الأسبوع؟
- هل أنا على استعداد لأن أتعرض للسخرية، وسوء الفهم، والمقاومة من أجل تحرير الآخرين؟ -

صلاة التكليف

يا أبانا الله، أشكرك على أربعين يومًا من النار والحرية والحق. لم تُخلّصني فقط لتحميني، بل خلصتني لأُخلّص الآخرين. اليوم، أتسلّم هذا العباءة. شهادتي سيفٌ، ندوبي أسلحة، صلواتي مطارق، طاعتي عبادة. أسير الآن باسم يسوع - مُشعلًا نارًا، مُخلّصًا، حاملًا نورًا. أنا لك. لا مكان للظلمة فيّ، ولا حولي. أنا آخذ مكاني. باسم يسوع. آمين.

- إعلان يومي شامل للخلاص والسيطرة
الجزء الأول

.لا ينجح أي سلاح صُوِّر ضدك، وكل لسان يقوم عليك في القضاء تُدينينه"
هذا هو ميراث عبيد الرب..." — إشعياء ٥٤: ١٧
.واليوم وكل يوم، أتخذ موقفي الكامل في المسيح - الروح، والنفس، والجسد

.أغلق كل الأبواب - المعروفة وغير المعروفة - لمملكة الظلام

،أكسر كل اتصال أو عقد أو عهد أو شركة مع مذابح الشر، والأرواح السلفية وأزواج الأرواح، والمجتمعات الخفية، والسحر، والتحالفات الشيطانية - بدم !يسوع

.أعلن أنني لستُ للبيع. لستُ متاحًا. لستُ قابلًا للتجنيد. لستُ مُعادًا

كل استدعاء شيطاني، أو مراقبة روحية، أو استدعاء شرير - يتم تشتيته !بالنار، باسم يسوع

.أُلزم نفسي بفكر المسيح، وإرادة الآب، وصوت الروح القدس
.أسير في النور، والحق، والقوة، والطهارة، والهدف

أغلق كل عين ثالثة، وبوابة نفسية، وبوابة غير مقدسة مفتوحة من خلال الأحلام، أو الصدمات، أو الجنس، أو الطقوس، أو وسائل الإعلام، أو التعاليم .الكاذبة

.لتحرق نار الله كل وديعة غير شرعية في روحي، باسم يسوع

.أُخاطب الهواء والأرض والبحر والنجوم والسماوات - لن تعملوا ضدي
كل مذبح خفي، أو عميل، أو مراقب، أو شيطان هامس مُكلّف ضد حياتي، أو !عائلتي، أو دعوتي، أو أرضي - فليُجرّد من سلاحه ويُسكت بدم يسوع
.أُغرق عقلي في كلمة الله
.أُعلن أن أحلامي مُقدّسة. أفكاري مُحصّنة. نومي مُقدّس. جسدي معبدٌ للنار

من هذه اللحظة فصاعدًا، أسير في خلاصٍ شامل - لا شيء خفيّ، ولا شيء مفقود.
كل عبوديةٍ باقيةٍ تنكسر. كل نيرٍ جيليٍّ يُحطم. كل خطيئةٍ غيرُ مُتابةٍ تُكشف وتُطهّر.

أعلن:

- **ليس للظلام أي سيطرة علي.**
- **بيتي هو منطقة حريق.**
- **أبوابي مغلقة بالمجد.**
- **أعيش في طاعة وأسير في القوة.**

أقومُ مُخلِّصًا لجيلي.
لن أنظر إلى الوراء. لن أعود. أنا النور. أنا النار. أنا حر. باسم يسوع القدير آمين!

- إعلان يومي شامل للخلاص والسيادة
الجزء الثاني

الحماية من السحر والشعوذة والسحرة والوسطاء والقنوات الشيطانية
التحرر لنفسك وللآخرين تحت تأثيرهم أو عبوديتهم
التطهير والتغطية بدم يسوع
استعادة الصحة والهوية والحرية في المسيح
الحماية والتحرر من السحر والوسطاء والسحرة والعبودية الروحية (من خلال دم يسوع وكلمة شهادتنا)
"...وهم غلبوه بدم الخروف وبكلمة شهادتهم"
رؤيا 12: 11 —
الرب... يُحبط آيات الأنبياء الكذبة ويُضلّل العرافين... يُؤيّد كلام عبده" "ويُتمّم مشورة رسله.
إشعياء 44: 25-26 —
"...روح الرب عليّ... لأنادي للمأسورين بالإطلاق وللمقيدين بالإطلاق"
لوقا 4: 18 —

صلاة الافتتاح:
يا أبانا الإله، أجيء اليوم بجرأة بدم يسوع. أُقرّ بقوة اسمك، وأُعلن أنك وحدك مُخلّصي ومُدافعي. أقف خادمًا لك وشاهدًا، وأُعلن كلمتك بجرأة وسلطان اليوم.

إعلانات الحماية والتحرير

1. التحرر من السحر والوسطاء والسحرة والتأثير الروحي:

- **أنا أكسر وأتخلى عن** كل لعنة، تعويذة، عرافة، سحر، تلاعب، مراقبة، إسقاط نجمي، أو ربط الروح - المنطوقة أو الممثلة - من خلال السحر، أو السحر الأسود، أو الوسطاء، أو القنوات الروحية.
- أعلن أن **دم يسوع هو ضد كل روح نجس يسعى إلى تقييدي أو** تشتيت انتباهي أو خداعي أو التلاعب بي أو بعائلتي.
- أنا آمر بأن يتم كسر **كل تدخل روحي، أو امتلاك، أو قمع، أو عبودية الروح** الآن من خلال السلطة باسم يسوع المسيح.

- أدعو **بالخلاص لنفسي ولكل من وقع، عن علم أو بغير علم، تحت إتأثير السحر أو النور الكاذب** . اخرج الآن! تحرر، باسم يسوع
- أدعو نار الله **لحرق كل نير روحي، وعقد شيطاني، ومذبح** أقيم في الروح لاستعباد أو إيقاع مصائرنا في الفخ.

لا سحر على يعقوب، ولا عرافة على إسرائيل." — عدد 23: 23"

:تطهير وحماية الذات والأطفال والأسرة .2

- ،أتوسل بدم يسوع على **عقلي، ونفسي، وروحى، وجسدي وعواطفي، وعائلتي، وأطفالي، وعملي.**
- أعلن: أنا وبيتي **مختومين بالروح القدس ومخفيين مع المسيح في الله.**
- لن ينجح أي سلاح صُوّر ضدنا. كل لسان يتكلم بالشر ضدنا **يُدان ويُسكِت** باسم يسوع.
- ،أنا أتخلى وأطرد كل **روح الخوف، والعذاب، والارتباك، والإغراء أو السيطرة** .

أنا الرب الذي يُبطل علامات الكاذبين..." - إشعياء 44: 25"

:استعادة الهوية والغرض والعقل السليم .3

- أستعيد كل جزء من روحي وهويتي التي تم **المتاجرة بها، أو احتجازها، أو سرقتها** من خلال الخداع أو التسوية الروحية.
- أعلن: إنني أملك **عقل المسيح** ، وأنا أسير في الوضوح والحكمة والسلطان.
- أعلن: لقد **تحررت من كل لعنة جيلية وسحر منزلي** ، وأنا أسير في العهد مع الرب.

لم يُعطني الله روح الخوف، بل روح القوة والمحبة والعقل السليم." — 2" تيموثاوس 1: 7

:التغطية اليومية والنصر في المسيح .4

- . أعلن: اليوم أسير في **الحماية الإلهية، والتمييز، والسلام**
- ،إن دم يسوع يتحدث عن **أشياء أفضل** بالنسبة لي - الحماية والشفاء، والسلطة، والحرية.
- كلُّ تكليفٍ شريرٍ مُحدَّدٍ لهذا اليوم قد انقلب. أسيرُ في النصرِ والغلبةِ في المسيحِ يسوع.

يسقط ألف عن جانبي وربوات عن يميني، ولكن لا يقترب مني..." - مزمور"
91: 7

:الإعلان النهائي والشهادة

أتغلب على كل أشكال الظلام والسحر والسحر الأسود والشعوذة والتلاعب"
النفسي والتلاعب بالروح والنقل الروحي الشرير - ليس بقوتي ولكن **بدم**
". يسوع وكلمة شهادتي

أُعلن: **لقد تحررتُ. أهل بيتي قد تحرروا.** كل نيرٍ خفيٍّ قد حُطم. كل فخٍّ قد انكشف. كل نورٍ زائفٍ قد انطفأ. أسلكُ في حرية. أسلكُ في حقٍّ. أسلكُ بقوة
.الروح القدس

الرب يُثبّت كلام عبده، ويُنفّذ مشورة رسوله. هكذا يكون اليوم وكل يوم من»
.«الآن فصاعدًا

.بإسم يسوع العظيم، **آمين**

:المراجع الكتابية

- إشعياء 44: 24-26
- رؤيا يوحنا 12: 11
- إشعياء 54:17
- المزمور 91
- الأعداد 23: 23
- لوقا 4: 18
- أفسس 6: 10-18
- كولوسي 3: 3
- تيموثاوس 1: 7 2

- إعلان يومي شامل للخلاص والسيادة
الجزء 3

الرب رجل حرب، الرب اسمه." — خروج ١٥: ٣"
فغلبوه بدم الخروف وبكلمة شهادتهم..." — رؤيا ١٢: ١١"
اليوم، أقوم وأتخذ مكاني في المسيح - جالسًا في الأماكن السماوية، فوق كل الرئاسات والسلطات والعروش والسلطات وكل اسم يُسمى.

أنا أتنازل

أنا أتبرأ من كل عهد أو قسم أو مبادرة معروفة أو غير معروفة:

- الماسونية (الدرجات الأولى إلى الثالثة والثلاثين)
- الكابالا والتصوف اليهودي
- النجمة الشرقية والوردية الصليب
- الرهبانية اليسوعية والمتنورون
- الأخويات الشيطانية والطوائف الشيطانية
- الأرواح البحرية والعهود تحت الماء
- ثعابين الكونداليني، ومحاذاة الشاكرا، وتنشيط العين الثالثة
- خداع العصر الجديد، الريكي، اليوغا المسيحية، والسفر النجمي
- السحر والشعوذة والسحر الأسود والعقود النجمية
- روابط الروح الخفية من الجنس والطقوس والعهود السرية
- قسم ماسوني على سلالتي وكهنوتي الأجداد

أقطع كل الحبل السري الروحي إلى:

- مذابح الدم القديمة
- نار نبوية كاذبة
- أزواج الروح وغزاة الأحلام
- الهندسة المقدسة، ورموز الضوء، ومبادئ القانون العالمي
- المسيحين الكذبة والأرواح المألوفة والأرواح المقدسة المزيفة

فليتكلم دم يسوع نيابةً عني. فليُمزَّق كلُّ عقد. وليُحطَّم كلُّ مذبح. وليُمحَ كلُّ هويةٍ شيطانيةٍ - الآن!

انا أعلن

أعلن:

- جسدي هو هيكل حي للروح القدس.
- عقلي محمي بخوذة الخلاص.

- .تتقدس نفسي يوميًا بغسل الكلمة
- .دمي تطهيره بالجلجثة
- .أحلامي مختومة بالنور
- ،اسمي مكتوب في كتاب حياة الحمل - وليس في أي سجل غامض !أو نزل، أو سجل، أو مخطوطة، أو ختم

انا آمر

:انا آمُر

- كل عملاء الظلام - المراقبون، والمراقبون، وأجهزة العرض .النجمية - سوف يتم تعميتهم وتشتيتهم
- - كل حبل يربطك بالعالم السفلي، والعالم البحري، والطائرة النجمية !يجب أن ينكسر
- كل علامة مظلمة، أو غرس، أو جرح طقسي، أو وسم روحي - يتم !تطهيره بالنار
- !كل روح مألوفة تهمس بالأكاذيب - يجب إسكاتها الآن

أنا انفصل

:أنا انسحب من

- جميع الخطوط الزمنية الشيطانية وسجون الأرواح وأقفاص الأرواح
- جميع تصنيفات ودرجات الجمعيات السرية
- كل العباءات أو العروش أو التيجان الزائفة التي ارتديتها
- كل هوية لم يكتبها الله
- كل تحالف أو صداقة أو علاقة مدعومة بأنظمة مظلمة

أنا أُنشئ

:أنا أؤسس

- جدار حماية من المجد حولي وحول منزلي
- الملائكة المقدسة عند كل بوابة وبوابة ونافذة وممر
- النقاء في وسائطي، موسيقاي، ذكرياتي، وعقلي
- الحقيقة في صداقاتي، وخدمتي، وزواجي، ورسالتي
- الشركة غير المنقطعة مع الروح القدس

أنا أقدم

- أسلم نفسي بالكامل إلى يسوع المسيح

.الحمل الذي ذُبح، والملك الذي يحكم، والأسد الذي يزأر

.أختار النور. أختار الحقيقة. أختار الطاعة

أنا لا أنتمي إلى ممالك هذا العالم المظلمة، بل أنتمي إلى ملكوت إلهنا ومسيحه.

أحذر العدو

بموجب هذا الإعلان أصدر إشعارًا إلى:

- كل إمارة رفيعة المستوى
- كل روح حاكمة على المدن والسلالات والأمم
- كل مسافر نجمي، أو ساحر، أو ساحر، أو نجم ساقط...

أنا ملكٌ لا يُمس.

اسمي ليس في أرشيفك. روحي ليست للبيع. أحلامي تحت سيطرتك. جسدي ليس معبدك. مستقبلي ليس ملعبك. لن أعود إلى العبودية. لن أكرر دورات أجدادي. لن أحمل نارًا غريبة. لن أكون ملجأً للأفاعي.

أنا ختم

أختم هذا الإعلان بـ:

- دم يسوع
- نار الروح القدس
- سلطة الكلمة
- وحدة جسد المسيح
- صوت شهادتي

باسم يسوع، آمين وآمين

الخاتمة: من البقاء إلى البنوة - البقاء أحرارًا، العيش أحرارًا، تحرير الآخرين

"فاثبتوا إذًا في الحرية التي حررنا بها المسيح، ولا ترتبطوا أيضًا بنير العبودية." —— غلاطية ٥: ١
"أخرجهم من الظلمة وظلال الموت، وكسر قيودهم." —— مزمور ١٠٧: ١٤"
لم تكن هذه الأيام الأربعون يومًا للمعرفة فحسب، بل كانت **للحرب واليقظة والسير في السيادة**.

لقد رأيتم كيف تعمل مملكة الظلام - بمهارة، وأجيال، وأحيانًا بعلنية. سافرتم عبر بوابات الأجداد، وعوالم الأحلام، والمواثيق الخفية، والطقوس العالمية، والعذاب الروحي. واجهتم شهاداتٍ عن ألمٍ لا يُصدق - ولكن أيضًا **خلاصًا جذريًا**. حطمتم مذابح، ونبذتم الأكاذيب، وواجهتم أمورًا يخشى كثيرٌ من المنابر ذكرها.

ولكن هذه ليست النهاية.

الآن تبدأ الرحلة الحقيقية: الحفاظ على حريتك. العيش في الروح. **تعليم الآخرين طريق الخلاص**.
من السهل أن نقضي أربعين يومًا في النار ونعود إلى مصر. من السهل أيضًا أن نهدم مذابح لنعيد بنائها في الوحدة أو الشهوة أو التعب الروحي.
لا.
لم تعد **عبدًا للدورات**. أنت حارس على السور. حارس لعائلتك. محارب لمدينتك. **صوتٌ للأمم**.

رسوم نهائية لمن سيشارك في دومينيون 7

1. **احرس أبوابك**.
   لا تفتح أبوابًا روحيةً بالتنازلات، أو التمرد، أو العلاقات، أو الفضول.
   «لا تعطِ إبليس مكانًا». - أفسس ٤: ٢٧»

2. **نظّم شهيتك**
   يجب أن يكون الصيام جزءًا من روتينك الشهري، فهو يُعيد توازن روحك ويُبقي جسدك خاضعًا.

3. **التزم بالنقاء**
العاطفي، والجنسيّ، واللفظيّ، والبصريّ. النجاسة هي البوابة الأولى التي يستخدمها الشياطين للتسلل.

4. **إتقان الكلمة:**
ليس إتقان الكتاب المقدس اختياريًا. إنه سيفك وترسك وخبزك اليومي. "لتسكن فيكم كلمة المسيح بغنى..." (كو 3: 16)

5. **ابحث عن قبيلتك.**
لم يكن الخلاص ليُسلك وحدك. ابنِ، واخدم، وشفِ في مجتمعٍ مُمتلئٍ بالروح.

6. **تقبل المعاناة**
نعم، المعاناة. ليس كل عذاب شيطاني. بعضها مُقدّس. تجاوزه. المجد أمامك.
بعد أن تتألموا قليلًا... هو يُقوّيكم ويُثبّتكم ويُثبّتكم." — ١ بطرس" ٥: ١٠.

7. **علّم الآخرين**
مجانًا. لقد أخذتَ، والآن أعطِ مجانًا. ساعد الآخرين على التحرر. ابدأ من منزلك، دائرتك، كنيستك.

من التسليم إلى التلميذ

هذه العبادة هي صرخة عالمية - ليس فقط من أجل الشفاء ولكن من أجل قيام جيش.

لقد حان **وقت الرعاة** الذين يشمّون رائحة الحرب.

لقد حان **وقت الأنبياء** الذين لا يهابون الثعابين.

لقد حان **وقت الأمهات والآباء** الذين ينقضون عهود الأجيال ويبنون مذابح الحق.

لقد **حان وقت** تحذير الأمم، وكسر صمت الكنيسة.

أنت الفارق

ما يهم هو وجهتك من هنا. ما تحمله مهم. الظلام الذي انتُشلت منه هو ذات المنطقة التي تملك الآن السلطة عليها.

كان الخلاص حقك الطبيعي، والسيادة هي عباءتك.

الآن امشي فيه.

الصلاة الختامية

يا رب يسوع، أشكرك على مسيرتك معي في هذه الأيام الأربعين. أشكرك على كشف الظلمة، وكسر القيود، ودعوتي إلى مكانة أعلى. أرفض العودة. أنقض كل عهد بالخوف والشك والفشل. أتلقى تكليفي بالملكوت بجرأة. استخدمني لتحرير الآخرين. املأني بالروح القدس يوميًا. لتكن حياتي سلاح نور - في عائلتي، في أمتي، في جسد المسيح. لن أصمت. لن أُهزم. لن أستسلم. أسير من الظلمة إلى السيادة. إلى الأبد. باسم يسوع. آمين.

كيف تولد من جديد وتبدأ حياة جديدة مع المسيح

ربما سبق لك أن سلكتَ مع يسوع، أو ربما التقيتَ به للتو خلال هذه الأربعين يومًا. لكن الآن، شيءٌ ما في داخلك ينبض.

أنت مستعدٌ لأكثر من مجرد دين.
أنت مستعدٌ **لعلاقة**.
أنت مستعدٌ لقول: "يا يسوع، أنا بحاجة إليك".

وهنا الحقيقة:

"لأن الجميع أخطأوا، ونحن جميعًا لا نبلغ مقياس مجد الله ...ولكن الله، بنعمته، يجعلنا أبرارًا أمامه".
— رومية 3: 23-24 (NLT)

لا يمكنك أن تنال الخلاص.
لا يمكنك إصلاح نفسك. لكن يسوع دفع الثمن كاملاً، وهو ينتظرك ليرحب بك في بيته.

كيف تولد من جديد

إن الولادة الجديدة تعني تسليم حياتك ليسوع - قبول مغفرته، والإيمان بأنه مات وقام مرة أخرى، وقبوله كربك ومخلصك.

إنه بسيط، قوي، يُغيّر كل شيء.

صلي بصوت عالٍ:

.يا رب يسوع، أؤمن أنك ابن الله
.أؤمن أنك متّ من أجل خطاياي وقمت من بين الأموات
.أعترف أنني أخطأت وأنني بحاجة إلى غفرانك
.اليوم، أتوب وأعود عن طرقي القديمة
.أدعوك إلى حياتي لتكون ربي ومخلصي
.طهرني .املأني بروحك
.أعلن أنني وُلدت من جديد، مغفور لي، وحُر
- من هذا اليوم فصاعدًا، سأتبعك
.وسأعيش على خطاك
.شكرًا لك على خلاصي .باسم يسوع، آمين

الخطوات التالية بعد الخلاص

1. **أخبر شخصًا ما** - شارك قرارك مع شخص مؤمن تثق به.
2. **ابحث عن كنيسة قائمة على الكتاب المقدس** - انضم إلى مجتمع يُعلّم كلمة الله ويعيشها. تفضل بزيارة خدمات "نسر الله" عبر الإنترنت عبر https://www.otakada.org أو https://chat.whatsapp.com/H67spSun32DDTma8TLh0ov
3. **احصل على المعمودية** - اتخذ الخطوة التالية للإعلان علنًا عن إيمانك.
4. **اقرأ الكتاب المقدس يوميًا** – ابدأ بإنجيل يوحنا.
5. **صلِّ كل يوم** – تحدّث إلى الله كصديق وأب.
6. **ابق على اتصال** - أحط نفسك بالأشخاص الذين يشجعونك على المضي قدمًا في مسيرتك الجديدة.
7. **ابدأ عملية التلمذة داخل المجتمع** - قم بتطوير علاقة فردية مع يسوع المسيح من خلال هذه الروابط

- دورة تلمذة لمدة 40 يومًا - https://www.otakada.org/get-free-40-days-online-discipleship-course-in-a-journey-with-jesus/

- التلمذة 2 40 - https://www.otakada.org/get-free-40-days-dna-of-discipleship-journey-with-jesus-series-2/

لحظة خلاصي

تاريخ : ____________________________

إمضاء : ________________________

إن كان أحد في المسيح فهو خليقة جديدة .الأشياء العتيقة قد مضت، والأشياء"
"!الجديدة قد صارت جديدة
كورنثوس 5: 17 2 —

شهادة الحياة الجديدة في المسيح

إعلان الخلاص – الميلاد الجديد بالنعمة

وهذا يؤكد أن

____

____

(الاسم الكامل)

لقد أعلن علنًا **إيمانه بيسوع المسيح**
.ربًا ومخلصًا، وتلقى هبة الخلاص المجانية من خلال موته وقيامته

إن أعلنتَ جهارًا أن يسوع هو الرب، وآمنتَ في قلبك أن الله أقامه من"
".الأموات، فستخلص
(NLT) رومية ١٠: ٩ —

.في هذا اليوم تفرح السماء وتبدأ رحلة جديدة

تاريخ القرار : ________________________________

إمضاء :

____

إعلان الخلاص

.اليوم، أُسلّم حياتي ليسوع المسيح
.أؤمن أنه مات من أجل خطاياي وقام من بين الأموات. أقبله ربيًا ومخلصًا غُفر لي، وُلدتُ من جديد، وتجددتُ. من هذه اللحظة فصاعدًا، سأسير على خطاه.

!مرحباً بكم في عائلة الله

.اسمك مكتوب في سفر حياة الحمل
.قصتك بدأت للتو، وهي خالدة

تواصل مع خدمات نسر الله

- الموقع الإلكتروني: www.otakada.org
- سلسلة الثروة ما وراء القلق:
www.wealthbeyondworryseries.com
- البريد الإلكتروني: Ambassador@otakada.org

- **ادعم هذا العمل:**

ادعم مشاريع المملكة والبعثات والموارد العالمية المجانية من خلال العطاء الذي يقوده العهد.

امسح رمز الاستجابة السريعة للتبرع

https://tithe.ly/give?c=308311

كرمكم يُساعدنا على الوصول إلى المزيد من النفوس، وترجمة الموارد، ودعم المُبشّرين، وبناء أنظمة التلمذة عالميًا. شكرًا لكم!

Give in the Spirit of Luke 6:38

3. انضم إلى مجتمع WhatsApp Covenant الخاص بنا

احصل على التحديثات والمحتوى التعبدي وتواصل مع المؤمنين ذوي العقلية العهدية في جميع أنحاء العالم.

امسح ضوئيًا للانضمام
https://chat.whatsapp.com/H67spSun32DDTma8TLh0ov

الكتب والموارد الموصى بها

- **التحرر من قوة الظلام (غلاف ورقي)** - اشتر هنا | نسخة إلكترونية على أمازون

  - **أفضل التقييمات من الولايات المتحدة:**
    - **عميل كيندل** : "أفضل قراءة مسيحية على الإطلاق!" (5 نجوم)

أحمدوا يسوع على هذه الشهادة. لقد نلتُ بركةً عظيمة، وأنصح الجميع بقراءة هذا الكتاب... لأن أجرة الخطيئة موت، أما هبة الله فهي حياة أبدية. سلام! سلام!

    - **دا جستر** : "هذا كتاب مثير للاهتمام للغاية وغريب إلى حد ما." (5 نجوم)

إذا كان ما ورد في الكتاب صحيحًا، فنحن متأخرون جدًا عما يستطيع العدو فعله! ... كتاب لا غنى عنه لكل من يريد أن يتعلم عن الحرب الروحية.

    - **فيزا** : "أحب هذا الكتاب" (5 نجوم)

هذا مُفاجئ... اعترافٌ حقيقي... بحثتُ عنه مؤخرًا في كل مكان لشرائه. سعيدٌ جدًا بالحصول عليه من أمازون.

- مختلف تمامًا" (4 نجوم)" : **FrankJM**

يُذكرني هذا الكتاب بمدى حقيقة الحرب الروحية. كما يُذكّرني بسبب ارتداء "سلاح الله الكامل".

- **جينجين** : "كل من يريد الذهاب إلى الجنة - اقرأ هذا!" (5 نجوم)

لقد غيّر هذا الكتاب حياتي كثيرًا. مع شهادة جون راميريز، سيجعلك تنظر إلى إيمانك بشكل مختلف. قرأته ست مرات!

- الشيطان السابق: تبادل جيمس (غلاف ورقي) - اشترِ هنا | نسخة إلكترونية على أمازون

- **شهادة شيطان أفريقي سابق** - القس جوناس لوكونتو مبالا (غلاف ورقي) - اشترِ من هنا | نسخة إلكترونية على أمازون

- مآثر عظيمة ١٤ (غلاف ورقي) - اشتر هنا | نسخة إلكترونية على أمازون

- من مرجل الشيطان - جون راميريز - متوفر على أمازون
- جاء ليحرر الأسرى بقلم ريبيكا براون - متوفر على أمازون

كتب أخرى نشرها المؤلف – أكثر من 500 عنوان

محبوب ومختار وكامل : رحلة مدتها 30 يومًا من الرفض إلى **الاستعادة**
تُرجمت إلى 40 لغة في العالم

https://www.amazon.com/Loved-Chosen-Whole-Rejection-Restoration-ebook/dp/B0F9VSD8WL

https://shop.ingramspark.com/b/084?params=xga0WR16muFUwCoeMUBHQ6HwYjddLGpugQHb3DVa5hE

:على خطاه - تحدي "ماذا يفعل يسوع" لمدة 40 يومًا
العيش مثل يسوع في قصص واقعية حول العالم
https://www.amazon.com/تحدي-خطواته-قصص-الحياة-الحقيقية-ebook/dp/B0FCYTL5MG

https://shop.ingramspark.com/b/084?params=DuNTWS59IbkvSKtGFbCbEFdv3Zg0FaITUEvlK49yLzB

يسوع عند الباب:
قصة مؤلمة وتحذير السماء الأخير لكنائس اليوم 40
https://www.amazon.com/dp/B0FDX31L9F

https://shop.ingramspark.com/b/084?params=TpdA5j8WPvw83glJ12N1B3nf8LQte2a1lIEy32bHcGg

حياة العهد: 40 يومًا من السير في بركة تثنية 28 - https://www.amazon.com/dp/B0FFJCLDB5

قصص من أشخاص حقيقيين، طاعة حقيقية، وواقعية

https://shop.ingramspark.com/b/084?params=bH3pzfz1zdCOLpbs7tZYJNYgGcYfU32VMz3J3a4e2Qt

التحول في أكثر من 20 لغة

معرفتها ومعرفته:
40 يومًا للشفاء والفهم والحب الدائم

https://www.amazon.com/الفهم-الشفاء-نفسه-معرفة-ebook/dp/B0FGC4V3D9

https://shop.ingramspark.com/b/084?params=vC6KCLoI7Nnum24BVmBtSme9i6k59p3oynaZOY4B9Rd

أكمل، لا تنافس:
رحلة مدتها 40 يومًا نحو الهدف والوحدة والتعاون

https://shop.ingramspark.com/b/084?params=5E4v1tHgeTqOOuEtfTYUzZDzLyXLee30cqYo0Ov9941

https://www.amazon.com/COMPLETE-NOT-COMPETE-Journey-Collaboration-ebook/dp/B0FGGL1XSQ/

شفرة الصحة الإلهية - 40 مفتاحًا يوميًا لتفعيل الشفاء من خلال كلمة الله والخلق. اكتشف القوة العلاجية للنباتات والصلاة والعمل النبوي

https://shop.ingramspark.com/b/084?params=xkZMrYcEH
nrJDhe1wuHHYixZDViiArCeJ6PbNMTbTux

https://www.amazon.com/dp/B0FHJT42TK

يمكن العثور على كتب أخرى على صفحة المؤلف

https://www.amazon.com/stores/Ambassador-Monday-O.-
Ogbe/author/B07MSBPFNX

الملحق (1-6): (الموارد اللازمة للحفاظ على الحرية والتحرر الأعمق

الملحق 1 :الصلاة لتمييز السحر الخفي، أو الممارسات الغامضة، أو المذابح الغريبة في الكنيسة

يا ابن آدم، أترى ماذا يفعلون في الظلمة؟ - حزقيال 8: 12
ولا تشتركوا في أعمال الظلمة غير المثمرة، بل بالحري وبخوها." - أفسس" 5: 11

:صلاة من أجل التمييز والكشف

يا رب يسوع، افتح عينيّ لأرى ما تراه. لتُكشف كل نار غريبة، وكل مذبح سري، وكل عملية خفية مختبئة وراء المنابر والمقاعد أو الممارسات. انزع الحجب. اكشف عبادة الأصنام المتسترة بقناع العبادة، والتلاعب المتستر بنبوءة، والفساد المتستر بنعمة. طهّر جماعتي المحلية. إن كنتُ جزءًا من جماعة متضررة، فأرشدني إلى بر الأمان. أقم مذابح طاهرة. أيادٍ نظيفة .قلوب مقدسة. باسم يسوع. آمين

الملحق 2 :بروتوكول التخلي عن وسائل الإعلام والتطهير

لا أضع أمام عينيّ أمراً شريراً..." - مزمور 101: 3"

:خطوات لتطهير حياتك الإعلامية

1. **،قم بتدقيق** كل شيء: الأفلام، والموسيقى، والألعاب، والكتب والمنصات.

2. **اسأل:** هل هذا يُمجّد الله؟ هل يفتح أبوابًا للظلام (مثل الرعب، أو الشهوة، أو السحر، أو العنف، أو مواضيع العصر الجديد)؟
3. : **التنازل عن**

أبرؤ من كل بوابة شيطانية فُتحت عبر وسائل إعلام غير إلهية. أُقطع صلتي الروحية بالمشاهير والمبدعين والشخصيات والقصص التي يُمكّنها العدو.

4. **الحذف والتدمير** : قم بإزالة المحتوى ماديًا ورقميًا.
5. **استبدلها** ببدائل صالحة - العبادة، التعاليم، الشهادات، الأفلام الصحية.

الملحق 3 :الماسونية، الكابالا، الكونداليني، السحر، نص التخلي عن السحر

لا علاقة لك بأعمال الظلمة غير المثمرة..." - أفسس 5: 11"

قل بصوت عال:

باسم يسوع المسيح، أتنصل من كل قسم، أو طقس، أو رمز، أو انضمام إلى أي جمعية سرية أو نظام خفي - عن علم أو بغير علم. أرفض كل صلة بـ:

- **الماسونية** - جميع الدرجات، والرموز، وقسم الدم، واللعنات والأصنام،
- **الكابالا** – التصوف اليهودي، قراءات الزوهار، استدعاءات شجرة الحياة، أو سحر الملائكة.
- **كونداليني** - فتح العين الثالثة، وصحوات اليوغا، ونار الثعبان ومحاذاة الشاكرا،
- **السحر والعصر الجديد** – علم التنجيم، التارو، البلورات، طقوس القمر، سفر الروح، الريكي، السحر الأبيض أو الأسود.

- **الورديون الصليبيون، المتنورون، الجمجمة والعظام، قسم اليسوعيين، أوامر الدرويد، الشيطانية، الروحانية، السانتيريا الفودو، الويكا، الثيليما، الغنوصية، الأسرار المصرية، الطقوس البابلية.**

أُلغي كل عهدٍ عُقد نيابةً عني. أقطع كل صلةٍ في دمي، أو في أحلامي، أو حتى في روحي. أُسلّم كياني بكامله للرب يسوع المسيح - روحًا ونفسًا وجسدًا. ليُغلق كل بابٍ شيطاني إلى الأبد بدم الحمل. ليُطهّر اسمي من كلِّ سجلٍّ مظلم. آمين.

الملحق 4: دليل تنشيط زيت المسحة

...هل منكم أحدٌ مريض؟ فليصلِّ. هل منكم أحدٌ مريض؟ فليدعوا الشيوخ ويدهنوه بزيتٍ باسم الرب. — يعقوب ٥: ١٣-١٤

كيفية استخدام زيت المسحة للتحرر والسيطرة:

- **الجبهة** : تجديد العقل.
- **الأذنان** : تمييز صوت الله.
- **البطن** : تطهير مقعد العواطف والروح.
- **الأقدام** : السير نحو القدر الإلهي.
- **الأبواب/النوافذ** : إغلاق الأبواب الروحية وتطهير المنازل.

إعلان أثناء المسح:

"أُقدِّس هذا المكان وهذا الإناء بزيت الروح القدس. لا يُسمح لأي شيطان بالدخول إلى هذا المكان. فليحلَّ مجد الرب في هذا المكان."

الملحق 5: التخلي عن العين الثالثة والرؤية الخارقة للطبيعة من المصادر الخفية

قل بصوت عال:

باسم يسوع المسيح، أتخلى عن كل فتح لعيني الثالثة - سواءً كان نتيجة صدمة، أو يوغا، أو سفر نجمي، أو مخدرات، أو تلاعب روحي. أسألك يا رب أن تُغلق جميع المنافذ غير الشرعية وتُغلقها بدم يسوع. أُطلق سراح كل

رؤية، أو بصيرة، أو قدرة خارقة للطبيعة لم تأتِ من الروح القدس. ليُعْمَى ويُقَيّد كل شيطاني، أو مُسْرِق نجمي، أو كيان يراقبني باسم يسوع. أُفضّل النقاء على القوة، والألفة على البصيرة. آمين.

الملحق 6: مصادر الفيديو مع شهادات للنمو الروحي

1) ابدأ من 1.5 دقيقة -
https://www.youtube.com/watch?v=CbFRdraValc

2)
https://youtu.be/b6WBHAcwN0k?si=ZUPHzhDVnn1PPIEG

3) https://youtu.be/XvcqdbEIO1M?si=GBlXg-cO-7f09cR

4) https://youtu.be/jSm4r5oEKjE?si=1Z0CPgA33S0Mfvyt
5) https://youtu.be/B2VYQ2-5CQ8?si=9MPNQuA2f2rNtNMH
6) https://youtu.be/MxY2gJzYO-U?si=tr6EMQ6kcKyjkYRs
7) https://youtu.be/ZW0dJAsfJD8?si=Dz0b44I53W_Fz73A
8)
https://youtu.be/q6_xMzsj_WA?si=ZTotYKo6Xax9nCWK
9) https://youtu.be/c2ioRBNriG8?si=JDwXwxhe3jZlej1U
10)
https://youtu.be/8PqGMMtbAyo?si=UqK_S_hiyJ7rEGz1
11)
https://youtu.be/rJXu4RkqvHQ?si=yaRAA_6KIxjm0eOX

12) https://youtu.be/nS_Insp7i_Y?si=ASKLVs6iYdZToLKH
13) https://youtu.be/-EU83j_eXac?si=-jG4StQOw7S0aNaL
14) https://youtu.be/_r4Jyzs2EDk?si=tldAtKOB_3-J_j_C
15) https://youtu.be/KiiUPLaV7xQ?si=I4x7aVmbgbrtXF_S
16) https://youtu.be/68m037cPEu0?si=XpuyyEzGfK1qWYRt
17) https://youtu.be/z4zlp9_aRQg?si=DR3lDYTt632E96a6
18) https://youtube.com/shorts/H_90n-QZU5Q?si=uLPScVXm81DqU6ds

تحذير نهائي :لا يمكنك اللعب بهذا

الخلاص ليس تسلية، بل حرب.
الزهد دون توبة مجرد ضجيج. الفضول ليس كالنداء. هناك أمور لا تتعافى منها بسهولة.
لذا احسب التكلفة. امضِ في طهارة. احرس أبوابك.
فالشياطين لا تحترم الضجيج، بل تحترم السلطة فقط.

www.ingramcontent.com/pod-product-compliance
Lightning Source LLC
Chambersburg PA
CBHW050341010526
44119CB00049B/639
* 9 7 8 1 0 8 8 1 8 6 2 1 3 *